COLLECTION « ARCHIPSY »

L'Interprétation psychanalytique des rêves, Tristan Moir, 2014.
Tel homme, quelle mère ?, Jean-Claude Liaudet, 2012.
Mentir… pour mieux vivre ensemble ?, Pascal Neveu, 2012.
La Découverte de votre enfant par le dessin, Roseline Davido, 2012.
Du premier cri au dernier souffle, Martina Niernhaussen, 2011.
Le Sexe du cerveau. Hommes, femmes : les vraies différences, Jean-Albert Meynard, 2011.
Victime attitude, Thierry Gallois, 2009.
Je ne m'aime pas : un peu, beaucoup, à la folie. Face aux défaillances narcissiques, Alexandra Choukroun, 2009.
Le Malade, la maladie et les proches, Isabelle Moley-Massol, 2009.
États de crise. Comment survivre à ces crises de vie auxquelles personne n'échappe, Armelle Oger, 2008.
Le Bonheur d'être névrosé… et comment surtout ne pas en sortir, Dominique Drillon, 2008.
Belle-mère ou marâtre. Quel rôle pour la femme du père ?, Michel Moral et Marie-Luce Iovane-Chesneau, 2008.
Changer ? Moi, jamais ! Psychologie du changement, Pascal Neveu, 2008.
Mère-fils : une relation malmenée, Sylvette Desmeuzes-Balland, 2007.
Les Pièges de la discrimination. Tous acteurs, tous victimes, Pierre Scharnitzky, 2006.
Le volant rend-il fou ?, Jean-Marc Antoine Bailet, 2006.
Le Complexe de Barbe-Bleue. Psychologie de la méchanceté et de la haine, Jean-Albert Meynard, 2006.
Vaincre les peurs et les phobies, Marc Spund, 2005.
Si tu m'aimes, trompe-moi !, Alexandra Choukroun, 2005.
L'Enfant et le Diable. Accueillir et soigner les victimes de violences, Liliane Daligand, 2004.
Guide de survie pour parents débordés, Dr Frédéric Kochman, 2004.
Psychologie du criminel. Logiques de l'irréparable, Jean-Michel Labadie, 2003.
Psychologie de l'argent, Thierry Gallois, 2003.

Une collection dirigée par Roseline Davido
archipsy46@gmail.com

ATTENDS… DÉPÊCHE-TOI !

DU MÊME AUTEUR

Le Prince Charmant et le Héros, l'Archipel, 2004.
Psychanalyse des dessins animés, l'Archipel, 2001.

GENEVIÈVE DJÉNATI

ATTENDS...
DÉPÊCHE-TOI !

Le temps des parents,
le temps des enfants

l'Archipel

Notre catalogue est consultable à l'adresse suivante :
www.editionsarchipel.com

Éditions de l'Archipel
34, rue des Bourdonnais
75001 Paris

ISBN 978-2-8098-1547-4

Copyright © L'Archipel, 2014.

Pour Mila et Hippolyte

« *Il n'est jamais trop tard pour avoir une enfance heureuse.* »

Tom Robbins, *Mickey le Rouge*

SOMMAIRE

Avant-propos 15
Introduction : *Nous ne supportons plus la durée* 17

PREMIÈRE PARTIE
DE TEMPS EN TEMPS

Chronos et Kronos 23
Le temps des horloges 26
Le temps des physiciens 30
Le temps subjectif 33
Explorer le temps : les voyages imaginaires 36
Arrêter le temps : le rêve d'éternité 39
Temps des enfants, temps des adultes : une valse
à deux temps plus un 43
Les troubles du rythme 46
Passé, présent, futur : tisser les temps de la continuité . 54

DEUXIÈME PARTIE
LE PASSÉ ÉLUDÉ : « OUBLIE ! »

La postmodernité, le temps de rompre avec l'histoire .. 59
À la recherche de l'origine : la construction du sens 71
Avant : les petits cailloux de l'identité 78
Faire ou ne pas faire d'histoires : à chacun sa vérité 83

Les traces et les mythes : socles de l'imaginaire,
 du symbolique et de la créativité 90
Le passé composé : structure familiale et liens 100
Le temps imparfait : effacer les traces 108
Temps morts 115
Se souvenir des belles choses : le paradis perdu 122
Le nouveau défi : maîtriser le temps 129

TROISIÈME PARTIE
LE PRÉSENT COMPULSIF : « DÉPÊCHE-TOI ! »

Les pieds dans le vide : pas d'héritage, pas de dette ? ... 141
L'urgence pour ne pas penser la fin 147
Zapping : fragmenter la vie, combler le vide 160
Le règne de Narcisse ou l'obsession de soi 166
Lorsque l'enfant paraît : Sa Majesté le bébé 171
Le présent insignifiant 178
Parler : penser et échanger le temps 182
Couple et famille : à quoi joue-t-on ? 189
L'effacement des générations : le culte du « moi tout
 seul » 197
Mais qui soutient le rythme ? 210
L'addiction à l'immédiateté : papa speede et maman
 court 214
« Tout, tout de suite » et passage à l'acte : la vio-
 lence de l'immédiateté 219
Fast culture et information 224
Imaginaire marchand contre imaginaire narratif :
 Kirikou et la sorcière, l'ogre et le Petit Poucet 233
Une satisfaction immédiate sans limites : le Cloud ou
 la vie ? 236
Entre obsessionnalité et dépression : la nouvelle
 société 242
Prédire, contrôler, gérer : la maladie de la prévention .. 251

SOMMAIRE

Tout gérer, même la mort ! 259
Remettre les pendules à l'heure 263

QUATRIÈME PARTIE
LE FUTUR INTÉRIEUR : « ATTENDS ! »

Et après ? Penser la continuité 267
Entre le « trop » et le vide : les hésitations de la
   girouette 272
Inventer l'avenir : pousser la porte 277
Le temps du désir : apprendre 282
À quoi tu penses ? 285
Conjuguer le temps 289
Qu'attend-on de moi ? 293

Conclusion. *Les temps retrouvés* 297
Bibliographie 299
Remerciements 306

Avant-propos

Huit ans ! Il m'aura fallu huit ans pour que ces pages prennent forme ; huit longues années ou seulement huit ans, c'est selon. Le même temps que celui qui m'a été nécessaire pour atteindre l'âge qui est encore à ce jour *la* référence pour moi, l'âge de toutes les promesses. Cet âge où il m'est apparu évident qu'il y avait un autre monde que celui de l'enfance, et que ce monde, c'était « ici et maintenant » que je le créais. Tout simplement parce que je le jouais, je le rêvais ; je le vivais « idéalement », sans prendre de risques. J'en faisais déjà l'expérience et je pourrais plus tard m'y référer, car j'allais m'en souvenir. Je vivais à mon insu mon futur antérieur et modelais mon futur intérieur.

Huit ans ! Le cœur de la « période de latence », comme nous disons, nous, les psys… Latence, oui, si l'on considère que c'est une période pendant laquelle le temps s'écoule suffisamment lentement pour que la chenille tisse sa chrysalide et se prépare à devenir papillon. De l'extérieur, il n'y a peut-être pas beaucoup à voir, mais à l'intérieur… À l'intérieur, la vie se transforme, ô combien ! La chenille sait qu'elle deviendra papillon. Pour l'observateur, ce sera la surprise, bonne ou mauvaise, mais, dans tous les cas, le papillon devra voler de ses propres ailes et découvrir le monde.

Huit ans, donc, pour que cette idée, qui n'était encore qu'une toute petite chenille faite de réflexions et de notes prises au fil du temps, se pose et se construise un cocon, feuillet après feuillet.

Cela prend du temps de passer de l'idée à l'écriture. Et pour ce faire, il faut trouver un appui sur lequel on peut compter. On n'écrit pas dans le vide, hors du temps ; l'écriture est la trace du temps qui passe. C'est toute une histoire. Une histoire pour toi, Mila, qui as eu très vite huit ans et les as déjà dépassés ; et pour toi, Hippolyte, qui voudrais « grandir sans vieillir ».

N'oubliez pas : prenez votre temps. Au besoin, volez-le.

Introduction
NOUS NE SUPPORTONS PLUS LA DURÉE

> « *Douce Alice, acceptez l'offrande*
> *De ces gais récits enfantins*
> *Et tressez-en une guirlande,*
> *Comme on voit faire aux pèlerins,*
> *De ces fleurs qu'ils ont recueillies*
> *Et que plus tard, dans l'avenir,*
> *Bien qu'elles soient, hélas ! flétries,*
> *Ils chérissent en souvenir.* »
>
> Lewis Carroll,
> *Alice au pays des merveilles*

Alice Liddell s'ennuie. Sa sœur aînée lit près d'elle un livre sans images ni dialogues. C'est l'été et la chaleur l'accable. Il semble qu'Alice s'assoupisse. À moins que son esprit ne la transporte dans un autre univers, celui réservé à l'imagination. Un autre espace-temps, où ni le corps réel ni les contingences extérieures n'entravent les découvertes.

Sommes-nous dans un monde onirique, atemporel et mystérieux, ou dans une temporalité propre au fantasme, un rêve éveillé qui transporte Alice Liddell dans un autre monde organisé autour de sa curiosité ? Lewis

Carroll crée un personnage nommé Alice, double de la fillette, qui lui ressemble à s'y méprendre. On l'appellerait aujourd'hui un « avatar ». La nouvelle Alice vit dans un univers étrange et questionnant à souhait : l'ennui a donné naissance à un monde imaginaire.

Nous sommes là dans le cas d'une transmission idéale : Lewis Carroll connaît bien Alice, il a beaucoup d'affection pour elle ; elle lui demande un conte, il y répond en faisant d'elle l'héroïne de l'histoire qu'il invente. La relation, le plaisir, les émotions et les représentations sont le ferment de cette création en quelque sorte commune.

Mais l'essentiel de cette histoire devenue universelle est peut-être ailleurs, dans la parenthèse qui a permis à deux personnes d'imaginer cette aventure : une promenade en barque. Alice, ses deux sœurs, le révérend Dogdson (le futur Lewis Carroll) et le révérend Duckworth font une excursion sur la rivière entre Oxford et Godstow. Alice réclame un conte, encouragée par ses sœurs. Alors Dogdson invente. Inspiré par le courant et le rythme incertain des rames, il suit les vagues de son inspiration, il crée. Chacun aurait pu rêver ou regarder le paysage à sa guise, sans en parler ; la promenade n'aurait été qu'un moment banal, une flânerie semblable à une autre. Mais une demande de partage de temps suspendu a changé la donne : une simple balade sur l'eau est devenue un moment singulier, puis la source d'inspiration d'un des textes les plus lus au monde.

Il aura fallu trois ans pour que Lewis Carroll, à la demande d'Alice et après l'invention d'autres aventures, se décide à en faire un livre. Trois ans peut-être pour que lui-même s'aperçoive de l'intérêt de sa « fantaisie ». Couchées sur le papier, ses histoires s'étaient transformées en

INTRODUCTION

traité de l'enfance, en manifeste d'un monde où la raison est écartée au profit de réponses fantasques aux questionnements des enfants. L'enfant qui s'interroge sur l'étrangeté du monde environnant ne se satisfait pas de réponses rationnelles. Il doit d'abord jouer avec ses craintes et ses désirs, en faire des outils d'adaptation efficaces au monde policé, symbolisé chez Lewis Carroll par « l'heure du thé ». Si l'heure du thé envahit le reste du temps, tout le monde devient fou, comme le Chapelier, et a peur d'être en retard, comme le Lapin blanc.

« Nous ne supportons plus la durée », constatait déjà Paul Valéry en 1935, lors d'une conférence intitulée « Le bilan de l'intelligence ». Dénonçant un enseignement qui privilégie le diplôme au détriment de la formation de l'esprit critique, il posait la question de la transmission à une époque où, déjà, tout allait plus vite. « Et si l'on se demandait ce que l'on veut au juste que l'enfant devienne ? », suggérait-il.

N'en sommes-nous pas encore là, près de cent ans plus tard ? N'est-ce pas une question toujours esquivée de génération en génération, comme si le long terme ne concernait que le vivant contemporain ? Devenir ou ne pas devenir, telle est la question ! C'est bien sur ce temps qu'il est toujours nécessaire de nous pencher. Chacun acquiert sa temporalité propre à partir d'un temps « suffisamment bon », c'est-à-dire d'expériences vécues ni trop vite, ni trop lentement.

Comment se fait-il que nous ne supportions plus la durée, alors que, précisément, la durée de la vie n'a jamais été aussi longue ? À quoi se rapporte cette urgence qui fait que « tout, tout de suite » semble être le maître mot de la société moderne occidentale ? Les mots *désir* et *plaisir* sont employés à tout propos, alors que la surcharge de l'emploi du temps ne laisse pas le temps d'imaginer, de penser, de savourer les expériences de la vie. Celles-ci semblent s'enchaîner et l'on invoque des « Je n'ai pas le choix » et des « Je n'y peux rien », pour se justifier. Cette urgence ne donne pas vraiment envie de grandir à des enfants qui aimeraient bien faire de leur créativité le terreau de leurs projets.

Si un enfant à qui l'on demande ce qu'il veut faire quand il sera grand répond « Rien », « Gagner de l'argent » ou « Je ne veux pas grandir », c'est que l'on n'a pas su lui transmettre le désir de nous succéder ni de s'inscrire dans l'ordre des générations avec une place bien à lui, maintenant et dans l'avenir. C'est qu'on ne lui a pas consacré le temps nécessaire pour construire sa propre temporalité. Le passé, le présent et le futur appartiennent à un même tout, à condition que la mémoire et l'anticipation fassent du présent « un présent qui invente », selon les mots de Bergson.

PREMIÈRE PARTIE

DE TEMPS EN TEMPS

Chronos et Kronos

« *Les mythes sont faits pour que l'imagination les anime.* »

Albert Camus, *Le Mythe de Sisyphe*

Au VIᵉ siècle av. J.-C., le théologien grec Phérécyde de Syros fit de Chronos, le Temps, un principe premier à l'origine du monde. Deux siècles avant lui, un autre Kronos apparaissait dans la *Théogonie* d'Hésiode : une divinité primordiale, un Titan enfanté par Gaïa (la Terre) et Ouranos (le Ciel). Bien distincts à l'origine, Chronos et Kronos ont fait par la suite l'objet d'une confusion longtemps entretenue, et c'est Kronos, le Titan, qui resta dans les esprits. Pour ma part, j'attribue ce retrait de Chronos à l'une des quêtes de l'être humain : la nécessité de se représenter un début, une origine du monde (et donc de soi-même). L'image mentale est nécessaire comme point de départ ; Chronos était sans doute un principe trop abstrait. Certaines théories, comme celles d'un Dieu créateur ou d'un « Big Bang », offrent mieux que d'autres des représentations partageables, mais elles n'arrivent que tardivement dans l'évolution de l'esprit humain. L'enfant autocentré répond à la question du temps par un *avant* et un *après* lui, qui dépendent intégralement de son présent et de ceux qui l'occupent. L'immatériel est alors insatisfaisant.

Le mythe de Kronos tente finalement de mettre de l'ordre dans une généalogie, un temps qui ne peut pas se dérouler : entre Gaïa et Ouranos, ses parents, c'est le chaos. L'éternité d'Ouranos et son maintien comme maître de l'Univers étaient rendus possibles par le fait qu'il dévorait ses enfants ou les empêchait de naître, suivant les versions. Kronos réussit à émasculer son père et à l'expulser de la Terre. Il prend sa place mais ne peut oublier les paroles de sa mère, qui lui avait prédit le même sort. Et l'histoire se répète. Afin d'empêcher la prédiction de se réaliser, Kronos avale ses enfants. Mais son fils dernier-né, Zeus, est remplacé par une pierre et caché par sa mère Rhéa, qui n'est autre que la sœur de Kronos. Avec l'aide de Gaïa, sa grand-mère, Zeus parvient à forcer Kronos à recracher ses enfants. Zeus devient le roi des dieux de l'Olympe, s'accouple avec des mortelles et donne naissance à des héros.

Le mythe traite toujours du générationnel. Partant du chaos et évoluant jusqu'à l'Homme, il donne une des versions de l'origine de l'Homme : l'Univers aurait engendré les Titans qui eux-mêmes auraient engendré les dieux de l'Olympe, à qui succèdent des héros demi-dieux, puis des mortels. Bien que la thématique du temps ne soit pas fondatrice du mythe, elle est sous-jacente et montre à la fois la répétition et la transformation de génération en génération.

Le glissement de Chronos à Kronos souligne combien la construction de l'identité nécessite une représentation de soi comme appartenant à une histoire qui se déroule dans le temps et dont on peut fixer une origine. Le mythe peut apparaître comme une version infantile de cette quête, mais on peut y voir aussi le désir d'incarner un personnage originel ou encore une réponse à l'énigme de notre existence, consensuelle ou suffisamment métaphorique pour que chacun se l'approprie. Mais le mythe ne dit pas que cela. Il dit combien les relations entre membres d'une famille, la transmission du mythe lui-même (les pères dévorent les fils et les fils tuent les pères), font partie de l'histoire spécifique à chaque filiation. Les représentations fantasmatiques qui en découlent évoluent au fil des générations mais font partie de la transmission. À chaque génération interviennent des modifications, et la répétition n'est pas fatale.

Le temps des horloges

> « *Supposons qu'il soit neuf heures du matin, l'heure de vos leçons, vous n'auriez qu'à dire tout bas un petit mot au Temps, et l'aiguille partirait en un clin d'œil pour marquer une heure et demie, l'heure du dîner.* »
>
> Le Chapelier fou, dans
> *Alice au pays des merveilles*

Maîtriser le temps ! Un vieux rêve qui a débuté avec la tentative de le mesurer. Mais comment mesurer le temps, alors qu'on ne sait pas vraiment ce qu'il est ? Les hommes ont inventé des objets à mesurer des durées, à rythmer le temps. Pour cela, il fallait qu'il y ait un début et une fin. Le jour a fait l'affaire pour le cadran solaire, les clepsydres puis les sabliers ont mesuré approximativement l'écoulement du temps par celui de l'eau et du sable. La mesure de la durée a enfanté toutes sortes d'idées, comme les ventes à la chandelle. Il a toutefois fallu attendre le XVIIIe siècle pour qu'apparaissent les premières horloges mécaniques, munies d'un balancier qui bat la mesure, leurs rouages permettant aux aiguilles d'afficher le temps. C'est grâce à la nécessité de mesurer avec fiabilité le temps sur les bateaux que les progrès en horlogerie de marine puis en horlogerie « terrestre » furent réalisés. Le temps comme la durée sont des éléments indispensables pour se repérer dans l'espace, et ce, d'autant plus en mer que les repères spatiaux sont très rares. Aujourd'hui encore, les GPS qui permettent de se localiser à un moment donné ne suffisent pas et les bateaux doivent toujours être munis d'une horloge de marine.

La maîtrise du temps ne doit pas être confondue avec sa mesure. Alors que la mesure est chose aisée de nos jours, la maîtrise ne l'est pas. Nous ne pouvons, comme le propose le Chapelier fou de Lewis Carroll, changer le temps à notre guise. Le temps des horloges est contraignant, mais c'est un code qui nous permet de communiquer sans ambiguïté. Lorsque l'école commence à 8 h 30, c'est la même heure pour tous. Très vite, l'enfant intègre qu'au-delà de cette heure la grille de l'école sera fermée et qu'il sera en retard. L'heure collective s'apprend avec la vie sociale. Au pays des merveilles, le Chapelier fou peut toujours proposer à Alice de parler au Temps afin qu'il avance la pendule à l'heure du dîner, la petite fille, munie de sa raison venue du monde réel, lui répond qu'elle n'aurait pas faim : ce ne serait donc pas une bonne idée. La raison côtoie l'imaginaire et cherche une solution pour échapper au pouvoir du temps, mais Alice devra bien se rendre à l'évidence : en dehors d'un monde fou comme celui du Chapelier, on n'échappe pas aux pendules qui fonctionnent !

Ce fonctionnement n'a pourtant qu'une durée éphémère. Autrefois, avec les remontoirs, la durée de vie de la mesure du temps par une montre ou une horloge ne dépassait pas vingt-quatre heures. Aujourd'hui, les piles

ATTENDS... DÉPÊCHE-TOI !

permettent de « garder le temps » pendant environ dix-huit mois. Notre rapport au temps en est peut-être différent. Nous n'avons pas à nous en préoccuper. Plus de temps à « remonter » tous les soirs au coucher, mais quelle tuile quand la pile s'arrête de fonctionner en pleine nuit ! Le lendemain, la grille risque fort d'être fermée quand les enfants arriveront à l'école. À moins que l'horloge interne de papa ou maman ne vienne compenser les défaillances de la technologie !

Le temps de la marine à voile est révolu, et c'est la conquête de l'espace et les engins spatiaux qui nécessitent à présent de nouveaux instruments de mesure du temps très précis. Mais un autre rapport au temps se fait jour : le temps long. En réaction au monde d'urgence dans lequel nous vivons, l'ingénieur américain Danny Hillis, associé à quelques collègues utopistes, a imaginé « l'Horloge du Long Maintenant ». Loin de vouloir concurrencer Big Ben à Londres (qui n'a besoin d'être remonté que tous les deux cents ans), le projet se frotte à la représentation du temps comme engagement pour le futur : cette horloge, construite à l'intérieur d'une montagne, doit fonctionner dix mille ans en sonnant une fois par jour. Difficile de se représenter ce que sera devenu l'objet dans quelques milliers d'années, mais c'est de futur à long terme dont il s'agit et de modification de notre vision de l'avenir, forcément sans nous.

En 1999, Danny Hillis avait imaginé, pour le magazine *Newsweek*, quelle pourrait être la découverte d'un visiteur du futur[1] : « Vous devez y aller à pied. Vous voyez au loin, au sommet d'une montagne, une petite structure.

---

1. Repris par le quotidien *Libération*, 6 août 2012.

Vous ne pouvez pas voir comment vous allez y arriver. Ensuite, vous trouverez ce petit tunnel d'entrée dans la falaise. Vous exercez une pression et montez à travers une sorte de labyrinthe. Alors vous êtes dans ce grand bâtiment vertical, à l'intérieur d'un mécanisme énorme. Vous montez à travers et vous voilà en pleine lumière. Vous levez les yeux et à la coupole de la structure, vous voyez un morceau de ciel. C'est le cadran de l'horloge. »

Danny Hillis n'aurait-il pas pour ancêtre un certain Lewis Carroll ?

Le temps des physiciens

> « *La première mathématisation du temps physique, annoncée par Galilée et formalisée par Newton, a consisté à supposer que celui-ci n'a qu'une dimension.* »
>
> Étienne Klein, *Les Tactiques de Chronos*

Pour les chercheurs, la tâche est rude. Saint Augustin et Aristote avant lui avouent leur désarroi quant à une définition scientifique issue d'une démonstration. « Si personne ne me pose la question, je le sais ; si quelqu'un pose la question et que je veuille expliquer, je ne sais plus », écrit saint Augustin dans le livre XI des *Confessions*. Comme Aristote, sa réflexion cherche à donner une réalité à un temps qui, pour lui, n'existe que dans l'absence : ce qui n'est plus (le passé) et ce qui n'est pas encore (le futur). La conceptualisation du temps échappe toujours à la maîtrise. Il ne peut être délimité. Reste l'intuition.

Pour Aristote, le temps ne varie pas : seuls le mouvement et le changement doivent être étudiés. Nous ne percevons le temps qu'« à la condition du mouvement », dont il n'est qu'un élément, et si toutefois nous sommes conscients de ce mouvement, sans quoi il n'y a point de durée. C'est parce que nous discernons un changement que nous affirmons que du temps s'est écoulé. Sinon, l'intervalle de temps n'existe pas. Les mouvements du corps ou de la pensée sont les déterminants de la durée. « C'est l'instant qui mesure le temps en ce qu'il est antérieur ou postérieur », nous dit encore Aristote. Le mouvement détermine le temps, mais l'inverse est aussi vrai. En d'autres termes, temps et mouvement ont partie liée.

Aristote parle de succession de points dans l'espace. Cette conception du temps a évolué. Pour passer de l'observation à la théorie, il aura fallu, entre autres, les recherches sur la cinématique[1] de Galilée et Kepler, puis les travaux de Newton qui aboutissent à la théorie de l'attraction universelle. Mais c'est avec Poincaré et Einstein, au milieu du siècle dernier, que sera rejetée l'existence d'un temps absolu, avec la théorie de la relativité.

La relativité a changé notre rapport au temps, nous obligeant à revoir notre conception de la relation entre l'espace et le temps. Pour cela, il nous a fallu faire abstraction de nos façons d'observer le temps présent et oublier les théories de Newton ! Les physiciens parlent désormais « d'événement dans l'espace-temps ». En simplifiant à l'extrême, la théorie de la relativité nous enseigne que ce que nous observons fait partie du passé et que nos actions influencent le futur.

---

1. Étude du mouvement des corps, abstraction faite des causes qui le provoquent.

Pour Einstein, « maintenant » est hors du domaine de la science.

Mais de quoi est donc fait ce « maintenant », auquel nous nous référons tous lorsque nous parlons ? Il appartient certainement à un autre registre que le temps du physicien.

Le temps subjectif

« *Les enfants seuls savent ce qu'ils cherchent, fit le Petit Prince. Ils perdent du temps pour une poupée de chiffons, et elle devient très importante, et si on la leur enlève, ils pleurent...* »

Antoine de Saint-Exupéry, *Le Petit Prince*

Le temps subjectif n'est pas celui des horloges ni celui des physiciens. C'est un autre temps qui nous appartient en propre : celui de nos émotions. C'est à ce temps-là que je ferai le plus référence dans ce livre, puisque c'est lui qui, « tricoté » avec le temps des horloges, va permettre à l'enfant qui grandit de s'y retrouver entre le temps organisé de la vie sociale et le temps personnel de ses affects (ce qu'il ressent) et de ses expériences propres. C'est par l'apprentissage de cette danse à deux temps faits pour s'unir que le désir d'être soi va s'épanouir. Nous collaborons à la réalisation de ce désir par le rythme que nous donnons au temps, qui est le reflet de notre conception singulière du temps, notre temporalité.

Les premiers instants de la vie ne sont pas qu'un temps régi par les horloges : ils exigent de l'environnement les soins nécessaires à la survie. Le psychanalyste René Spitz l'a démontré dans sa théorie de l'hospitalisme : pendant la Seconde Guerre mondiale, les enfants hospitalisés nourris par du personnel indifférent, qui ne les regardait pas ni ne leur parlait pendant les biberons, survivaient moins que les enfants dont les soins étaient accompagnés de sourires et de paroles. La qualité du temps des premiers soins, l'ajustement des rythmes, les bercements adéquats sont les premiers marqueurs du temps singulier de chacun. C'est essentiellement par le corps que transitent les signaux et que nous nous en imprégnons. Rien à voir avec le temps ? Au contraire : la répétition des moments de satisfaction des besoins (l'alimentation, le sommeil…) en alternance avec les moments de jeu solitaire (gazouillis, observation, mouvements…) n'est-elle pas une première approche du temps différencié ? Elle alterne en effet du temps *pour soi* (quand le bébé est soigné) et du temps *à soi* (quand il procède à la découverte de lui-même dans un environnement autre que celui des soins). À condition, bien sûr, que l'attitude de l'adulte soit en adéquation avec la demande du bébé puis de l'enfant.

La participation émotionnelle, qui distingue le temps des horloges du temps subjectif, est bien la condition nécessaire à ce que nous ne devenions pas des observateurs qui regardent du bord de la route notre temps qui passe. La temporalité et les émotions ont au moins un point commun : elles n'existent pas sans discontinuité. C'est parce que nous les ressentons de façon variable qu'elles existent et se conjuguent pour donner naissance au souvenir.

DE TEMPS EN TEMPS

Si le temps physique échappe à une définition unique, le temps subjectif est peut-être le plus facile à saisir, du moins par ses manifestations émotionnelles et comportementales, et par ses représentations mentales (deuil, joie…). Une personne qui se contrôle beaucoup aura du mal à ne pas être rigide dans sa relation au temps et préférera se mesurer au temps des horloges plutôt qu'à celui des affects. Ces derniers réservent tant de surprises que certains préfèrent les éviter autant que possible et les remplacer par des rationalisations, déjouant ainsi l'imprévisible et le risque de ne pas maîtriser la situation.

Le gel affectif a pour bénéfice et inconvénient à la fois d'éviter la confrontation au changement. Or, le changement est bel et bien ce qui fait notre expérience temporelle. Le changement est une affaire de tous les instants, avec et sans nous, d'ailleurs. Mais, dans notre subjectivité, « le » changement est celui qui s'inscrit dans notre histoire personnelle, et peu importe s'il ne représente rien pour une autre personne. C'est l'événement qui, aussi insignifiant qu'il puisse paraître, marquera consciemment ou non le sujet, et dont la trace sera susceptible de resurgir dans les événements futurs.

Le temps subjectif (le cours de notre temps) apparaît donc comme beaucoup moins linéaire que la « flèche du temps », ce temps linéaire qui se résume à une suite chronologique d'événements. Le temps du passé resurgit dissimulé dans le présent, préparant l'avenir et le remaniant avant même qu'il ait lieu. Le temps subjectif est ainsi celui de la créativité.

Explorer le temps : les voyages imaginaires

> « *Si votre montre vous ronge, si la honteuse bêtise du Paris-Dakar vous donne la nausée, relisez* Le Tour du monde en quatre-vingts jours. »
>
> Alain Reinberg, *L'Art et les Secrets du temps*

Philéas Fogg, le héros de Jules Verne, a ceci de commun avec le Lapin d'Alice qu'ils sont pressés et que leur parcours, afin d'arriver à leur but, est semé d'aventures qui renforcent l'obsession du temps. Tous deux sont accompagnés. Mais, alors que Philéas Fogg est aidé de son fidèle Passe-Partout, le Lapin ne se soucie guère d'Alice qui le suit tant bien que mal et cherche le sens de sa course folle.

Jules Verne publie *Le Tour du monde en quatre-vingts jours* en 1873, dans la mouvance de la révolution industrielle. Ce récit se situe dans une tradition de science-fiction intimement liée à l'évolution technique du moment et à ses perspectives imaginaires. Il est donc très « temporel ». Il est aussi suffisamment sophistiqué et organisé (tout comme Philéas Fogg, d'ailleurs) pour que Jules Verne, bien qu'adulte, se prenne pour le héros porteur de ses rêves, dans un mouvement assez classique d'auteur. C'est, du reste, l'utilisation de techniques non encore advenues qui faisait dire de ces aventures qu'elles relevaient de la science-fiction. Peut-on encore le dire aujourd'hui ?

Les aventures d'Alice sont bien différentes. On ne parle plus de science-fiction mais de surréalisme. L'imaginaire est d'un autre type. À la façon des poupées russes, la construction originale du récit est transmise sous forme d'emboîtement : Lewis Carroll imagine une histoire pour Alice Liddell, qui est mise en scène dans une situation de sa vie réelle où elle s'ennuie et se met à rêver. Elle se retrouve déplacée dans le temps et l'espace, « ni tout à fait la même, ni tout à fait une autre », grâce à sa curiosité (qui n'est autre que son imagination de petite fille éveillée qui s'ennuie) l'amenant à poursuivre le Lapin.

Nous n'assistons donc pas à la simple transposition de l'imaginaire de Lewis Carroll, mais à une immersion dans l'imaginaire d'Alice Liddell, qu'il met en scène en gardant son prénom dans des aventures absurdes et drôles racontées à Alice (la vraie). Ces aventures reviennent à la petite fille comme un boomerang et sont source de créativité. Le temps linéaire est totalement aboli. Les questionnements d'Alice sont identitaires et liés au temps : est-ce qu'elle était une autre, avant ? Ses changements corporels font-ils d'elle quelqu'un de différent ?

Alice/Lewis questionne le changement, l'existence, la permanence et la transformation, qui sont bel et bien des problématiques liées au temps et ce, quel que soit l'âge. L'histoire de l'art est remplie d'œuvres se confrontant à cette question du temps, de son irréversibilité ou non, de sa fuite inexorable, de sa maîtrise. *Les Aventures d'Alice au pays des merveilles* reste toutefois, de mon point de vue, l'œuvre qui traite le plus en profondeur de l'absurdité d'un temps qui s'écoule « à côté » et de la nécessité d'être créatif.

Sous l'arbre, Alice attend la fin d'une sieste imposée et se dépêche de suivre le Lapin, qui symbolise son désir extrême de se laisser guider dans un autre monde, de l'autre côté du miroir. Alice Liddell ne se plaindra plus de l'ennui, désormais.

Arrêter le temps : le rêve d'éternité

> « Ô temps ! suspends ton vol ;
> et vous, heures propices,
> Suspendez votre cours… »
>
> Alphonse de Lamartine, « Le Lac »

L'éternité est au temps ce que l'infini est à l'espace : sans limites. Ce qui, à première vue, peut apparaître comme un truisme mérite que l'on s'y penche d'un peu plus près. L'aspect irreprésentable de l'illimité est ce qui nous pousse à relever le défi de sa représentation. Il faut mettre en œuvre des efforts d'imagination pour transformer l'éternité et l'infini en créations qui tiennent elles-mêmes dans un espace réduit (toute représentation a des limites) et qui seront réalisées en un temps forcément limité. C'est toute la question de la l'œuvre d'art ou, plus communément, d'expériences humaines parfois étranges (la fusion amoureuse, le rêve…) où le dedans et le dehors, le moi et le non-moi sont si indissociables que le temps en est suspendu. L'impression d'« être » est alors très intense.

Aspirer à donner forme à l'impossible, à l'abstrait, au virtuel, aux pensées, est la source première de l'inspiration. C'est ce désir qui donnera naissance à l'être singulier que nous sommes et que l'on appelle le « sujet ». Or, le désir a besoin de temps et... d'absence. C'est l'expérience personnelle qui permet la représentation et la « mise en œuvre » du désir, en référence à ce qui n'est plus et doit de nouveau advenir. Arrêter le temps ne serait autre que l'étirer, le faire durer. Vouloir que le temps s'arrête pour qu'il dure n'est qu'un des nombreux paradoxes dans lesquels nous entraîne un questionnement sur le temps.

Le poète dit vouloir « suspendre » le temps : il désire plus que tout arrêter sa flèche en vol, fixer l'événement pour toujours, ne vivre que l'instant présent éternellement. Plus d'avant ni d'après, pour que le temps se fige une fois le désir réalisé ; pour que l'événement perdure. « Arrêt sur image », dirait-on en langage cinématographique. L'image s'arrête, certes, mais l'observateur, lui, appartient à un monde en mouvement, un monde qui change : les aiguilles de la montre en sont la preuve.

Les photos témoignent tout autant du changement que d'une forme de permanence. L'enfant sur la photo n'a-t-il pas la même identité que l'adulte qui s'y reconnaît ? Le temps est réactualisé par le souvenir et le récit qui lui est associé. La remémoration qui accompagne l'observation d'une photo, antérieure par définition, fait toujours l'objet d'un récit, aussi simple soit-il, qui implique un espace-temps : « C'était à tel endroit... avec Untel... à telle occasion... » La création est là, il suffit de « refaire l'histoire ». Et pourquoi pas l'écrire, la raconter, la peindre : la transformer et la transmettre réactualisée, arrangée, voire déformée, mensongère ou carrément délirante. Peu importe ! Il faut que l'histoire dure, car elle est la preuve que nous sommes vivants.

Ne plus dérouler le temps de la création, c'est ne plus prendre de risques et donc ne plus vivre, au sens où le temps de l'esprit ne se combine plus au temps du monde, mesurable, mais s'y soumet. Pouvoir ignorer le temps du monde, ne serait-ce que quelques instants, c'est là la supplique du poète qui sommeille en chacun de nous ; ignorance de l'enfant qui joue, des amoureux seuls au monde, de celui qui rêve.

Mais « nous ne supportons plus la durée » ! Nous voulons de toute urgence être informés de tout, nous exprimer sur tout. Il nous faut du sensationnel, de l'excitation. Nous ne pouvons plus imaginer l'avenir à partir de ce que nous savons car, pour cela, il faudrait du vide, du temps libre propice aux idées, à l'imagination, aux idéaux. Or, nous avons plus que jamais horreur du vide, dont la présence ne suscite qu'angoisse. Il nous faut l'information à la seconde ! Peu importent les clichés, il faut faire vite, en nombre de mots ou de signes limité, sinon personne ne nous écoutera ni ne nous lira. Réduire la durée du temps, afin de le remplir... Nous ne supporterions donc plus de ne pas savoir, ni d'apprendre, ni de penser ?

Paul Valéry n'a pas été entendu. Il nous éclairait cependant : prendre le temps de donner du sens à nos actes pour choisir la direction à prendre. Cela s'appelle « éduquer ». Le contrôle a eu le dessus sur l'éducation. L'accumulation de savoirs sanctionnée par un diplôme

ATTENDS... DÉPÊCHE-TOI !

(dont le niveau baisse, dit-on) fait toujours référence. L'imagination a eu tendance à faire place à l'imitation. Le manque, l'absence sont mal perçus dans nos sociétés débordantes et débordées. La poésie résiste un peu, mais elle a la vie dure !

Temps des enfants, temps des adultes : une valse à deux temps plus un

> « *Lorsque j'étais enfant, je vivais dans un petit village très silencieux et odorant de la Véga de Grenade. Tout ce qui s'y produisait et tous ces sentiments repassent en moi aujourd'hui voilés par la nostalgie de l'enfance et par le temps.* »
>
> Federico García Lorca, *Mon village*

Enfants et adultes sont partenaires dans la ronde de la vie. Ils la dansent ensemble et en coécrivent la chorégraphie. Comme dans toute danse, il y a celui qui mène et celui qui s'ajuste. Le rythme de la musique conditionne le style et la rapidité des pas. Impossible pour les partenaires de s'accorder, s'ils ne tiennent pas compte l'un et l'autre d'un troisième facteur : le tempo. Le choix des « figures » est libre, à condition qu'elles s'harmonisent avec la mélodie. Voilà brossé métaphoriquement l'accordage idéal des temps du monde, des adultes et des enfants.

Comme des poupées gigognes emboîtées les unes dans les autres, les trois dimensions de la temporalité paraissent n'en faire qu'une. Nous nommerons la plus grande « le temps du monde ». Elle semble s'imposer à la perception comme une norme à laquelle il faut se soumettre. C'est celle de l'adaptation sociale, des conventions, qui paraît ne pas pouvoir être remise en question sous peine de marginalisation. Contraignante mais nécessaire, elle englobe et occulte tout à la fois les temporalités subjectives de ceux qui y sont soumis.

Le tempo subjectif de l'adulte, sa temporalité, doit trouver la manière de s'ajuster physiquement et psychiquement au rythme du monde extérieur, avec ses particularités propres acquises par transmission et au fur et à mesure des expériences. L'adulte doit aussi transmettre un rythme à ses enfants. L'intersubjectivité est une notion essentielle à prendre en compte dans cette transmission. Elle consiste en la représentation des intentions de celui qui s'adresse à soi, et, inversement, à qui l'on s'adresse. Elle nécessite donc le contrôle de cette intention et passe par l'expression intelligible des émotions dans la communication. C'est par « l'autre » avec qui il est en lien, par sa différence et ses ajustements, que l'enfant développe son espace interne propre, la conscience de ses limites, son sentiment de sécurité et sa capacité à penser. Sans cet espace propre, qui se constitue à partir d'expériences temporelles sécurisantes (comme le rythme de la parole, sa musicalité, son adéquation avec la situation émotionnelle), l'organisation psychique de l'enfant risque de perdre sa capacité d'adaptation et de garder les marques d'un ajustement au temps difficile.

Sans acquisition de la notion du temps, le sentiment « d'être comme », la relation à l'autre se trouvent modifiés. Les concepts d'avant et d'après sont confus et rendent difficiles la transmission et le dialogue. Plus tard, l'emploi des temps de conjugaison est généralement inadéquat et fausse le message, provoquant des malentendus. « Si j'aurais… » :

cette faute de langage, fréquente chez le jeune enfant et qui peut se maintenir à l'âge adulte, traduit davantage, me semble-t-il, une confusion entre passé et futur qu'entre passé et conditionnel. Pour le locuteur, « Si j'aurais » s'apparente à « Quand j'aurai » : tout est situé dans le futur dans une sorte d'annulation du passé.

Les adultes sont des « passeurs de temps », dans le sens où ils transmettent une certaine notion du temps aux enfants. Leur temporalité déroule pour l'enfant un rythme sécurisant, qui donne une impression de continuité, indépendamment d'une vie personnelle parfois chaotique. Par ailleurs, c'est la capacité de l'adulte à rêver, à penser l'enfant en référence à celui qu'il a été, qui inscrit l'enfant dans le générationnel, dans les pas de ses parents.

Le bébé a besoin d'une histoire. Il ne peut pas l'inventer seul. L'histoire à venir de l'enfant se joue « à l'interface du dedans et du dehors », précise le pédopsychiatre Bernard Golse. C'est pourquoi la narrativité des adultes qui s'occupent d'enfants est si importante. Pas seulement dans la capacité à raconter des histoires qui appartiennent à la culture, mais dans celle, nous dit encore Bernard Golse, de se raconter eux-mêmes et de coécrire avec l'enfant l'histoire de celui-ci. Il y a une dimension éminemment interactive dans cette manière de s'accorder. La « grande histoire », celle des adultes qui prennent soin de l'enfant, et l'histoire « encore petite » de l'enfant vont en construire une troisième qui prend racine dans les deux premières. Cette histoire doit laisser aux deux partenaires (les deux générations, représentées par les parents et l'enfant) suffisamment d'espace pour que le lien avec les histoires parentales se noue en laissant de la place à l'imprévisible, au possible.

Les troubles du rythme

> « *Le Snark a l'habitude de se lever tard et vous m'accorderez qu'il charrie si j'ajoute que, souvent, il petit-déjeune à l'heure du thé puis dîne le jour qui suit.* »
>
> Lewis Carroll, *La Chasse au Snark*

Avant même l'accès à la temporalité, telle que nous l'entendons habituellement et dont l'enfant nous informe par le langage, le bébé acquiert une préconception de la durée par l'alternance de l'attente et de la présence de l'être cher. Avant cela encore, le fœtus se développe dans un temps qui est le même, à quelques jours près, pour tous les individus. Le rythme qu'il perçoit *in utero* est celui de la vie de sa mère, des sons produits par son corps et son environnement.

C'est l'alternance et l'irrégularité des sons perçus par l'intermédiaire du corps de la mère qui, selon la psychanalyste Suzanne Maiello, préfigurent la problématique de la présence et de l'absence vécue après la naissance. Les traces mnésiques laissées par les expériences sensorielles prénatales permettraient au bébé, quand les interactions avec l'adulte, et en particulier la mère, se font harmonieusement, d'anticiper les actions à venir en fonction de ce qui vient de se produire. C'est dans un système hypothético-déductif (« Si…, alors… »), par la répétition et l'alternance des moments interactifs différenciés, que le bébé peut penser : « Après cela, il y aura autre chose », comme l'a énoncé le psychiatre Daniel Marcelli. Le repérage de ce tempo par le bébé nécessite qu'il soit suffisamment fiable, mais sans négliger les moments de surprise introduits par le jeu mère-bébé, souligne encore Daniel Marcelli. Les macrorythmes (rythmes des soins) sont à distinguer des microrythmes, brèves séquences interactives entre l'adulte et l'enfant. Ces dernières sont faites de contacts et de distance, d'expressions d'émotions modulées, de paroles et de silence. Les microrythmes, qui donnent la tonalité de l'échange pendant les macrorythmes, sont en quelque sorte un prélangage imprévisible mais de plus en plus familier et attendu. Ainsi, une tonalité et un débit de parole associés à un sourire et un regard rieur inviteront à une communication joyeuse et à un jeu d'échange de sons ; puis le changement de ton et le détournement du visage signifieront à l'enfant la fin de la séquence jeu. Quand tout se passe bien, le bébé sait qu'il y a un après.

Que « tout se passe bien » ne signifie pas que le tempo de l'adulte soit exactement le même que celui de l'enfant. L'environnement est « suffisamment bon », comme le qualifie la pédopsychiatre Donald Winnicott, quand l'écart entre le bébé et celui qui s'en occupe a une durée tolérable pour l'enfant. Celui-ci anticipera le retour de l'adulte et l'imaginera. La sécurité affective est ainsi maintenue jusqu'aux retrouvailles. L'écart s'entend comme absence physique, silence ou toute autre discontinuité dans l'accordage entre les deux membres de la dyade. Cette discontinuité tempérée est indispensable à la création par le bébé de son monde de rêverie. Ce dernier se substitue à la réalité du manque et permet, si la durée est supportable, d'imaginer l'« objet manquant » – l'être absent et attendu – avant qu'il ne redevienne satisfaisant dans la réalité. Le lien psychique étant maintenu avec l'adulte absent, l'attente est sereine, fructueuse en représentations et en activités de symbolisation, et les retrouvailles sont joyeuses.

C'est ce que Freud a décrit dans un texte célèbre, le « jeu de la bobine ». Le psychanalyste avait observé son petit-fils de dix-huit mois jouer avec une bobine reliée à sa chaise par une ficelle. L'enfant prononçait le mot « *fort* » (loin) en jetant la bobine, et « *da* » (là) en la ramenant vers lui. Le psychanalyste y a vu la symbolisation dont est capable l'enfant qui joue en l'absence de sa mère, s'il est suffisamment en sécurité pour penser la discontinuité et créer une continuité dans laquelle il organise ses expériences et se les approprie.

Le « faux pas » de la rythmicité partagée est la conséquence d'un défaut dans la régulation affective et émotionnelle. Si l'ajustement qui crée un rythme suffisamment commun entre le bébé et son parent n'est pas trouvé-créé, la discontinuité devient source d'angoisses inconsolables. Le bébé le signifie par des cris, des pleurs, des troubles du sommeil et/ou de l'alimentation, ou autres tentatives d'appel. L'insécurité rend impossible la transformation de la discontinuité en continuité. L'enfant ne peut plus jouer, l'angoisse stoppe le temps, le lien complice est rompu.

DE TEMPS EN TEMPS

Laura a six mois lorsque sa maman, Mme M., m'appelle pour prendre rendez-vous. Pour elle-même. Mais elle viendra avec Laura qu'elle ne peut faire garder, prévient-elle. Le jour dit, elles arrivent toutes les deux. Laura semble très éveillée et Mme M. a de grands cernes sous les yeux. Sur les genoux de sa mère, Laura s'énerve très vite, fait des moulinets comme si elle voulait s'accrocher à un support qu'elle n'arrive pas à atteindre. Mme M. lui tend une poupée de chiffons sans la regarder. Laura la jette en pleurant. Mme M. la lui rend tout en continuant à me parler, sans s'adresser à Laura et sans la regarder.

La scène se répète trois fois. Je m'adresse alors à Laura, qui cesse subitement de pleurer et se redresse, l'air intrigué. Je lui parle de sa colère et de sa poupée qui voudrait bien être dans ses bras, comme elle dans ceux de sa maman. Mme M. a les larmes aux yeux et regarde Laura en lui souriant. La petite lui rend son sourire, ce qui émeut sa maman. La suite de l'entretien se déroule en faisant participer mère et fille. Les paroles que Mme M. et moi échangeons mettent en mots les ressentis de la maman, bons et moins bons, quant à son vécu de mère (Laura est son premier enfant).

À la séance suivante, une plus grande complicité semble s'être installée entre elles. Laura dort mieux et Mme M. se sent déjà meilleure mère. Très vite, Laura fait ses nuits. En séance, elle se montre attentive aux variations émotionnelles de sa mère sans montrer d'insécurité. Elle peut même s'endormir tranquillement, comme si cela ne la concernait plus. Mme M. trouvera par la suite le moyen de faire garder Laura et de venir aux séances, seule. Pour elle-même.

Cette situation illustre combien le bébé est « une éponge », comme on le dit communément : il absorbe les ressentis de la personne qui lui procure les soins. En l'occurrence, Laura réagit de telle manière que les mouvements de vie l'emportent. L'appréhension de Mme M., due à son incertitude de pouvoir être une bonne mère, lui a fait inconsciemment prendre des mesures d'accrochage à son bébé comme à un objet à ne pas lâcher, ce qui ne permet pas à l'enfant d'accepter son absence. L'exigence d'une telle présence induit non seulement un épuisement maternel mais également un comportement en miroir de l'enfant, dans un contexte qui devient très vite déprimé des deux côtés. Cette symbiose ne permet plus la relation bienveillante. La maman se disqualifie et le bébé essaie de réanimer sa mère par ses pleurs et ses demandes, jour et nuit, sans parvenir à la restaurer. Un espace de bonne qualité, donnant lieu à des retrouvailles joyeuses, permettra une discontinuité avec la certitude qu'« après il y aura autre chose ».

L'autre cas de figure est celui d'une répétition à l'identique, sans assez de surprises apportées par les variations de la voix, des échanges et des interactions. Le suspense n'existe plus. La succession trop prévisible des expériences du bébé avec le parent limite l'accès de l'enfant à la rêverie ; l'attente se réduit à celle de mêmes événements dans le même ordre. La ritualisation rigide ne tolère plus la moindre fantaisie, sous peine que l'enfant ressente un malaise. Le soin se borne à sa nécessité et n'est plus l'occasion d'un moment partagé de synchronisation émotionnelle.

L'état affectif et émotionnel de l'adulte qui s'occupe de l'enfant apparaît donc décisif pour que ce dernier acquière la capacité à être seul, à penser, à imaginer et à mémoriser. La mémoire est indispensable à l'acquisition de la temporalité. Elle se compose de traces multiples. C'est parce qu'elles sont différentes qu'elles vont s'organiser et préparer le présent et le futur. La conscience de soi différent de l'autre est consécutive à ces processus qui déterminent la qualité et la capacité à créer des liens. C'est par le jeu que l'enfant va mettre en scène ses expériences intimes, ses ressentis, dans des situations qu'il modifie en prenant la place de ses parents. En transformant, il peut à la fois oublier et conserver. Ainsi, les événements du passé ne sont pas fixés une fois pour toutes : le jeu permet à l'enfant de les remanier en prenant une autre place que la sienne et en modifiant le scénario.

Enfin, un autre trouble de la temporalité provoque des réactions de détresse chez l'enfant : celui qui fige ce dernier dans un système de projections de la part de ses parents. C'est le cas quand les parents induisent des scénarios fantasmatiques qui répondent à leurs propres désirs infantiles : l'enfant doit alors prendre la place de l'acteur dirigé par le souhait parental. C'est ainsi qu'il se trouve inconsciemment chargé de missions, telles que réparer l'enfance de ses parents ou le lien que ceux-ci entretenaient avec leurs propres parents. À l'inverse, il peut porter le rejet qu'inspirait tel ou tel membre de la famille. Parfois, les deux cas se mêlent. Le brouillage temporel atteint alors tous les membres de la famille.

M. et Mme C. ont trois enfants : une fille, Amélie, et deux garçons. Amélie est âgée de neuf ans lorsque je la rencontre pour la première fois. Ses parents ne comprennent pas ses colères extrêmement violentes. Bien qu'elle ait trois ans de plus que son frère puîné, elle se sent moins de liberté que lui ; ses amies ont beaucoup plus d'autonomie qu'elle et de l'argent de poche, ce qu'on lui refuse. Les parents disent ne pas vouloir faire de différence entre les enfants et réfléchir beaucoup à leur éducation, car eux-mêmes ont des vécus familiaux douloureux, avec des parents qui « faisaient des différences » chez M. C. et qui les traitaient « comme des meubles » chez Mme C. Ils souhaitent montrer à leurs enfants qu'ils prennent leur rôle de parents très à cœur, en leur donnant une éducation qui ne ressemble pas à celle qu'ils ont reçue. Amélie a l'impression qu'on applique sur elle des méthodes qui ne correspondent pas à ce qu'elle est, ni à ce qu'elle ressent. C'est ce qui la met dans une rage folle, où elle ne sait plus ce qu'elle fait : elle a juste envie de tout casser.

Un travail familial est engagé, qui permet aux enfants et aux parents d'échanger sur leurs vécus, leurs incompréhensions et leurs attentes. Le vécu infantile des parents, toujours actuel et lourd de remémorations qui chargent négativement les représentations de leurs propres parents, est amplement évoqué. Une prise de conscience est longuement travaillée : Amélie était susceptible de déborder l'autorité parentale et devait à ce titre être maîtrisée, avant même que ce débordement se manifeste. Mme C. associait en fait inconsciemment Amélie à sa sœur aînée, rebelle qui avait osé s'opposer à l'autorité parentale, et à sa « mauvaise mère » imprévisible. De son côté, M. C. ne voulait surtout pas qu'Amélie devienne « la préférée », comme l'avait été sa sœur aînée.

Amélie avait bien raison d'avoir l'impression que ce n'était pas d'elle que l'on parlait quand on lui reprochait des choses qui ne s'étaient même pas produites, mais qu'elle était susceptible de commettre dans l'esprit de ses parents. Il s'agissait de projections sur elle de vécus douloureux non élaborés. Les garçons, protégés par leur place dans la fratrie, n'étaient que peu concernés par ce mode d'autorité « abusive » à laquelle Amélie était soumise depuis toute petite.

Le début de la vie psychique du petit humain, en particulier l'acquisition de la conscience du temps, dépend des interactions et de la qualité du partage des affects et des émotions avec son entourage proche. Le bébé vit dans une temporalité faite de rythmes différents. C'est de leur alternance, de leur interaction et de leur réorganisation que vont émerger, entre autres, le sentiment de sécurité et la capacité à construire sa propre pensée.

Passé, présent, futur : tisser les temps de la continuité

« *Est-ce qu'aujourd'hui, c'est demain ?* »

Hippolyte, cinq ans

La temporalité linéaire est assez longue à acquérir. Jusqu'à ce qu'il convient d'appeler « l'âge de raison », le jeune enfant se représente le temps d'une façon plutôt circulaire. Le jour succède à la nuit, les saisons s'enchaînent, les fêtes également. C'est un temps « naturel » qui l'occupe, avec des repères qu'il retrouve de manière cyclique, et s'attend donc à retrouver : son anniversaire, les vacances, Noël… Même la question « Et après ? » n'interroge qu'un futur proche. « Quand je serai grand », qui semble parler d'un futur éloigné, ne parle en fait que d'un désir actuel qui se réaliserait « *si* j'étais grand ». Comme Alice au pays des merveilles, l'enfant joue avec « être grand, être petit », voire très petit, au gré de son désir et de sa réalisation imaginaire. Quand Hippolyte, à cinq ans, demande si aujourd'hui, c'est demain, que nous dit-il ? De toute évidence, pour lui, tout se joue dans le présent. Si aujourd'hui, c'est demain, c'est donc maintenant. Maintenant qu'il va pouvoir faire ce qu'il attend avec impatience depuis hier. Et si c'est maintenant, il ne peut plus attendre. « Alors, on y va ? » Et c'est tout de suite…

Quand tout se passe bien, c'est aux alentours de l'âge de sept ans que l'enfant commence à prendre conscience, au sens de l'adulte, d'un avant, d'un pendant et d'un après. Il se détache petit à petit de son vécu propre pour passer à la terminologie qui dit le temps commun linéaire et ses trois grandes catégories : passé, présent, futur. Le temps socialisé, intelligible et partageable.

Le temps ne se révèle pas à nous subitement le matin de nos sept ans. Le cours du temps et le temps irréversible prennent sens, petit à petit, grâce aux expériences de vie depuis la naissance. Ce sont les changements, les variations, les nouveautés qui permettent la conscience du cours du temps. Parallèlement, l'intégration mentale de la succession des événements (la chronologie) se met aussi en place. L'enfant est alors capable de concevoir le déroulement d'une séquence temporelle et la suite de plusieurs séquences, avec un début, un milieu et une fin. C'est ce que l'on nomme « la flèche du temps », dont les bornes, en ce qui concerne l'existence, sont la naissance et la mort.

Les mythes, les contes et les films – tout ce qui constitue un récit – favorisent non seulement l'acquisition de la temporalité subjective, mais aussi celle du temps des horloges. C'est grâce à ces œuvres artistiques, portées à la connaissance des enfants dans un souci de transmission de la part des adultes, que l'enfant peut se représenter des « autres ». Ces « autres » sont l'auteur de l'histoire, les personnages ou, dans le cas particulier du mythe, les héros d'une préhistoire allégorique originelle. La découverte se fait à l'écoute du récit qui pose une intrigue se dénouant au fur et à mesure des événements nouveaux, attendus et inattendus. Un récit est toujours, métaphoriquement, le récit de la vie.

ATTENDS... DÉPÊCHE-TOI !

L'enfant qui écoute organise son espace imaginaire et, ce faisant, donne naissance à l'organisation temporelle. Bergson disait : « Pour qu'il y ait temps, il faut qu'il y ait invention de nouveauté. » Et pour qu'il y ait invention de nouveauté, il faut qu'il y ait une trace psychique qui résonne en nous. Ce n'est le cas que lorsqu'il y a mémorisation d'une expérience passée que nous avons pu nous approprier comme étant subjective : elle nous appartient en propre et a assez éveillé notre curiosité pour que nous ayons envie de transformer une surprise venant de l'extérieur en une création venant de l'intérieur, de notre pensée, de notre imagination.

C'est le cas de ces « fragments d'existence soustraits au temps », dont parle Marcel Proust, quand une remémoration « ressuscite l'être en lui ». Pour devenir des souvenirs, il faut que ces moments aient eu une saveur particulière. Ils doivent avoir été en rupture avec l'habituel, le répétitif. Surprenants, parce qu'ils ont provoqué un émoi particulier, ces moments laissent une trace qui deviendra, au fil du temps, du passé. Bien sûr, certains n'auront pas apporté de satisfaction ; ils auront même laissé un souvenir malheureux ou auront été refoulés, mais ils seront accessibles et participeront à la métamorphose qui fait que nous ne nous développons pas que physiquement mais aussi psychiquement.

Le futur, le « à venir » ne peut pas se construire sans un passé. « Où va le présent quand il devient passé ? », demandait le philosophe Ludwig Wittgenstein. Nous pouvons lui répondre qu'il va dans le futur si nous le soignons bien ; et nous pouvons répondre à Hippolyte : « Oui, aujourd'hui, c'est demain, parce que tu n'as pas laissé s'évanouir le passé ! »

DEUXIÈME PARTIE

LE PASSÉ ÉLUDÉ : « OUBLIE ! »

La postmodernité,
le temps de rompre avec l'histoire

> « *Nous ne regardons plus le passé comme un fils regarde son père, duquel il peut apprendre quelque chose, mais comme un homme fait regarde un enfant...* »
>
> Paul Valéry, *Vues*

« Toujours plus », « tout, tout de suite », entend-on régulièrement dans les médias, à propos de la société occidentale actuelle. Les mots « modernité » et « postmodernité » côtoient « capitaliste » et « néo-capitaliste », dans les tentatives de description de notre monde. Pas toujours facile de s'y retrouver !

La « modernité » s'est attaquée, depuis le siècle des Lumières jusqu'aux années 1970, aux traditions et au passé. Aidé par « la raison », le projet était celui d'une émancipation sociale dans un futur proche. Il n'a pas tenu ses promesses. Toutefois, la modernité n'avait pas pour seul objectif une meilleure condition sociale : la reconnaissance de la vie privée d'autrui, de sa créativité et de son opinion était une valeur fondamentale. « La modernité se donne comme une rupture qui a touché aux fondements mêmes du savoir et de l'autorité », nous

ATTENDS... DÉPÊCHE-TOI !

dit Myriam Revault d'Allonnes, et c'est en cela que la crise dont on semble ne jamais devoir sortir est « constitutive de l'expérience moderne du temps et de l'histoire ». Dans la postmodernité, la rupture est encore plus marquée à travers une mise en cause radicale du passé, qui tente d'annuler toute référence à ce dernier.

Quels que soient les adjectifs employés pour qualifier notre société, il semble unanimement acquis qu'elle est « malade du temps », comme l'écrit Nicole Aubert en sous-titre du *Culte de l'urgence*. Nous vivons de plus en plus dans un « temps disjoint ». Le présent est immédiat, le passé tend à s'effacer et le futur est de moins en moins représentable. « Nous ne supportons plus la durée… » Paul Valéry réclamait déjà avec insistance de penser les effets d'une négation du passé et d'un effacement de l'avenir, au profit d'un présent qui vise à tout contrôler, « sans égards à la nature vivante, à sa lenteur d'adaptation et d'évolution, à ses limites originelles ». Il ajoutait : « On peut dire que tout ce que nous savons, c'est-à-dire tout ce que nous pouvons, a fini par s'opposer à ce que nous sommes. »

Dans la société de l'urgence, la compétition, la gestion rapide, l'acquisition des biens, la création/disparition des emplois se font à une vitesse qui ne tient pas compte de la subjectivité humaine. De sa capacité à lier les événements pour les inscrire dans une continuité à la fois externe (les événements de la vie) et interne (leur intégration par la pensée, l'imaginaire, les choix, etc., dans l'histoire personnelle).

La conférence de Paul Valéry semble ne pas avoir donné à penser à ses contemporains, ni aux générations suivantes. On peut s'interroger sur une forme d'aveuglement et de surdité, empêchant de tirer toutes les conséquences politiques de cette analyse. On prétextera que dans ces années précédant de peu la Seconde Guerre mondiale, les gouvernements avaient bien d'autres chats à fouetter. On invoquera le pessimisme des propos, dont les citoyens n'avaient besoin ni avant ni après la guerre. On argumentera que les Trente Glorieuses ont infirmé et même enterré ce genre de mise en garde !

Paul Valéry sollicite la pensée et, avec elle, le temps de penser, en opposition à une accumulation de connaissances « qu'il s'agit d'*emprunter* et non plus d'*acquérir* ». Il souligne l'effet pervers du contrôle, notamment dans le domaine de l'éducation, qui est son principal souci : « Dès qu'une action est soumise à un contrôle, le but profond de celui qui agit n'est plus l'action même, mais il conçoit d'abord la prévision du contrôle, la mise en échec des moyens de contrôle. Le contrôle des études n'est qu'un cas particulier et une démonstration éclatante de cette observation très générale. » L'état anxieux qui caractérise, selon lui, l'homme moderne – on ne parlait pas encore de postmodernité – est attribuable, d'un côté, à un passé dont on ne peut (veut ?) rien tirer dans le présent, et de l'autre, à un avenir « sans la moindre figure ».

L'enfant est sensible, dit-on souvent. Que cache ce qualificatif ? Si j'en crois mon expérience clinique, l'enfant ressemble au scientifique : il s'appuie sur les phénomènes observables et se sert de ce qui lui a été transmis pour faire évoluer la connaissance. L'enfant est sensible parce que ses affects ne sont pas encore sous contrôle : ce qu'il perçoit l'atteint davantage que l'adulte. Sa compréhension du monde est limitée à son univers et ses ressentis y sont liés. Ses parents, sa famille, ses éducateurs et ses pairs sont les personnes qui ont le plus d'influence sur sa construction et sa capacité à acquérir des connaissances, à les intégrer à sa manière. La transmission joue un rôle essentiel ; et pour qu'il y ait transmission, il faut une antériorité et une prise en compte de l'autre. L'enfant se situe lui-même dans cette antériorité du futur : il est le futur antérieur qui annonce un devenir, une transformation. Être le futur antérieur, c'est aussi avoir « un futur intérieur ». Mais « l'air du temps » suffit-il à donner aux enfants les repères dont ils ont besoin pour former leur esprit ? La liberté de l'esprit aurait-elle disparu avec le temps libre, ce « loisir intérieur qui est tout autre chose que le loisir chronométrique » (Valéry) ?

« En temps réel » est l'expression consacrée pour qui souhaite, même inconsciemment, maîtriser le temps subjectif. Cette expression, qui suppose l'immédiateté, supprime, ou du moins limite, la distance avec l'événement, mettant en défaut la capacité à penser, à faire sienne la situation et éventuellement à la transformer. Le temps subjectif, lui, se construit à partir des expériences antérieures. Il contient tout le matériel auquel le sujet peut se référer, le « temps perdu ». La réserve est plus ou moins importante en fonction de l'âge et du vécu de chacun. Le temps réel s'oppose au temps subjectif en ce qu'il ne fait référence ni au passé et à sa mémoire, ni à la projection dans le futur. Il se rapporte à l'action et à la perception immédiate. C'est un temps entre parenthèses qui ne tient compte ni de l'avant ni de l'après. Il rompt avec l'histoire.

LE PASSÉ ÉLUDÉ : « OUBLIE ! »

En référence aux différents temps que j'ai mentionnés dans la première partie de cet ouvrage, le temps « réel » serait celui des horloges réduit à une gestion de l'instant. En d'autres termes, sa définition exclut la réalité interne de l'individu. C'est le temps le plus utilisé dans l'entreprise. Il vise au bon fonctionnement, à la performance de l'organisation. L'objectif atteint rapidement, par une action menée sans délai, est synonyme de valeur pour le collaborateur salarié, voire pour l'individu tout entier.

Depuis bientôt un demi-siècle, à la faveur de l'avancée de nouvelles technologies à la portée de tous, l'information a pris la place de la transmission, imposant sa norme à laquelle se sont adaptées les actions humaines. Les rapports humains sont désormais marqués par la compétitivité qui réclame de se comparer aux autres de façon permanente et, au besoin, de les « écraser », au lieu de faire du mieux possible pour satisfaire son propre but. La vie familiale n'est pas exclue de ce phénomène. Touchée par l'exigence de vitesse et d'efficacité, elle se calque sur la vie professionnelle, au lieu de s'en différencier par le mode d'investissement affectif qu'elle implique.

« C'est la course ! On n'arrive pas à tout gérer ! » Combien de fois ai-je entendu cette phrase de la part de parents qui se plaignaient de ne pas s'en sortir dans la gestion du quotidien, entre le travail, les enfants et la maison ?

Pauline est une très jolie petite fille de sept ans. Cependant, une croûte disgracieuse entoure sa bouche. Ses parents viennent me consulter sur les conseils de leur médecin, qui n'arrive pas à venir à bout du problème.

ATTENDS... DÉPÊCHE-TOI !

Les parents m'expliquent, très énervés, que Pauline se lèche le pourtour des lèvres à tout bout de champ. Plus ils la grondent, plus elle recommence, semble-t-il. Pauline met en cause ses parents, qui crient beaucoup et l'accusent de ne jamais faire ce qu'ils demandent : « Il faudrait que je fasse tout, tout de suite, quand ils me demandent quelque chose. Moi, ça me stresse de ne pas finir ce que j'ai commencé ! » Les parents décrivent alors leur emploi du temps, ainsi que celui de Pauline et de sa sœur : « On a une demi-heure le soir à leur consacrer, pour le bain et le repas, sinon on ne peut pas récupérer de nos journées de travail exténuantes. Et le week-end, il nous faut du calme, mais elle réclame toujours qu'on joue avec elle. C'est infernal ! », dit le père de Pauline qui se met aussitôt à se lécher les lèvres.

Quand je la vois seule, elle me dit adorer l'école parce que là, elle peut imaginer ce qu'elle veut pendant que la maîtresse parle. Ce qui se traduit d'ailleurs par de mauvaises notes, contre lesquelles les parents s'insurgent et qui lui valent des punitions qui renforcent son symptôme. Une histoire sans fin... Difficile pour les parents d'admettre que la vie de famille ne se gère pas comme une entreprise et que le rapport affectif est primordial : il construit la sécurité interne de l'enfant et sa façon de voir les parents. Pauline dira combien elle est triste pour ses parents qui, croit-elle, se disputent à cause d'elle. Elle préfère se faire gronder, « comme ça, pendant ce temps-là, ils ne se disputent pas ».

En interprétant le « tic » de Pauline comme une manière de les énerver, ses parents se fourvoient et ne prennent pas en compte leur propre comportement, que

LE PASSÉ ÉLUDÉ : « OUBLIE ! »

leur fille ne fait que leur renvoyer en miroir : « On est stressés, on n'en peut plus ! »

Les progrès du confort, les hypermarchés, la vente par correspondance, les moyens de transport individuels, les trente-cinq heures et les RTT... Tout semble pourtant fait pour simplifier la vie quotidienne, depuis le slogan des années 1950 resté célèbre : « Moulinex libère la femme » ! Même les hommes s'y seraient mis, paraît-il ! Que se cache-t-il donc derrière cette difficulté à « tout » faire ? Que contient ce tout ? Certainement quelque chose qui n'a plus grand-chose à voir avec ce que les générations nées avant 1970 se représentaient, de manière individuelle et collective. La sollicitation à consommer, en particulier dans les zones urbanisées, a bondi de telle façon, en quelques décennies, que le rapport à « l'avoir » n'a plus rien de commun avec celui des générations précédentes. Les repères ne sont plus les mêmes et les frictions dans les rapports familiaux, avec parents et grands-parents, sont souvent dues à des idéaux de vie trop éloignés. Alors que la continuité historique, même critiquée, était présente à l'esprit dans la société moderne, la société postmoderne, en réduisant la temporalité à un présent omniprésent, a remplacé l'épanouissement de soi et la qualité de la transmission par l'obsession de soi. Comme si notre vie n'avait de sens que pendant son propre cours.

Les actions simultanées, au travail comme en famille, se substituent à la succession des tâches mises en œuvre. Les frontières entre espaces professionnels et familiaux deviennent poreuses (outils portables aidant), et l'espace-temps consacré à la vie familiale semble se réduire comme peau de chagrin. On fait au moins deux choses en même temps, sinon on perd son temps. Les conflits familiaux résultent souvent du rétrécissement du temps mental et physique disponible, de la part des adultes (pour le couple et/ou la famille) mais aussi des enfants qui, de plus en plus jeunes et par mimétisme, ne sortent plus le nez de leurs écrans, même à table !

Cette vie avide de temps pour soi, qui se traduit par « gagner du temps », se veut en phase avec une société d'accumulation, celle de la consommation sans cesse sollicitée dans laquelle nous « évoluons ». La famille offre un modèle où la différence des générations a tendance à s'effacer, au profit d'un objectif commun très proche. La réussite devient l'affaire de tous. Tout le monde parle sous la forme d'un « on » indifférencié qui met chacun, y compris les jeunes enfants, au même niveau de responsabilité dans la bonne marche de la famille. C'est ainsi qu'il est de plus en plus fréquent d'entendre dans la bouche d'un enfant : « On a divorcé » au lieu de « Mes parents ont divorcé ». L'implication imaginaire de l'enfant et la place qu'il se donne, faute de s'en voir attribuer une, sont révélées par ce type de glissement de langage. C'est le résultat d'un brouillage générationnel, d'une insuffisante différenciation des rôles et des fonctions de chacun.

Alex a huit ans lorsque je le rencontre, accompagné de sa mère, pour des difficultés relationnelles avec son père. Les parents sont séparés depuis peu. Le juge a décidé qu'Alex passerait la semaine chez sa mère et un week-end sur deux chez son père, ainsi que la moitié des vacances. Alex souhaite modifier ce jugement et réclame une garde

LE PASSÉ ÉLUDÉ : « OUBLIE ! »

alternée. La maman ne sait pas quoi faire, d'autant que son ex-époux ne souhaite pas la garde alternée, d'après elle. « Ce n'est pas une attitude de père, dit-elle devant Alex. Il pourrait faire un peu plus cas de ce que demande son fils. » Le rapport d'Alex à la loi se révèle de mauvaise qualité : il conteste tout, à la maison comme à l'école. Sa mère y voit « peut-être un signe de précocité intellectuelle ». Elle dit lui céder beaucoup car, sinon, il s'énerve et revient à la charge jusqu'à obtenir satisfaction.

Nous travaillons quelques mois ensemble, individuellement et en partie avec la mère (le père ne donnant pas suite à mes demandes d'entretien). Alex semble admettre qu'il doit laisser les adultes, qui représentent la loi et la sécurité, faire leur travail d'adultes ; et que lui doit faire son travail d'enfant : grandir et expérimenter pour, un jour, prendre une place d'adulte.

Les parents décident ensemble une garde alternée et je revois Alex trois ans plus tard, pour le même type de problème. La situation a changé : son père vit depuis un an avec une compagne qui a deux enfants. Alex « la déteste ». Il a non seulement décidé de ne plus aller chez son père une semaine sur deux, mais de ne plus le voir tant qu'il vivrait avec cette femme.

La mère d'Alex est très compréhensive. Elle soutient son fils dans ses dires, sans en parler au père. Alex va mal, il a des troubles du sommeil et me dira qu'il ment beaucoup pour gagner l'admiration de copains qu'il n'arrive pas à se faire.

Alex est mis dans une situation de responsabilités qu'il ne peut pas assumer, situation renforcée par le retrait paternel et l'admiration maternelle. Il fait par ailleurs le jeu de la rivalité des parents qui, bien que séparés physiquement, n'ont pas réglé leurs conflits de couple. Alex ne fait qu'occuper la place restée vide et se prendre pour celui qui fait la loi, celui qui inverse l'ordre des générations en soumettant ses parents à ses règles. De cette manière, il inverse symboliquement le cours du temps. L'origine, c'est lui, peu importe l'histoire dans laquelle il s'inscrit. « C'est comme ça, maintenant, diront certains, c'est dans l'air du temps, les enfants décident… »

« L'air du temps » est l'expression convenue pour dire la tendance du moment. Et sans doute aussi éloigner une éventuelle responsabilité parentale dans le comportement des enfants. C'est comme si l'envie de transmettre ses valeurs avait échappé au parent qui s'exprime ainsi, ou comme s'il ne pouvait pas faire référence à un « avant », où lui-même était l'enfant de ses parents. L'exigence (souvent comportementale) vis-à-vis des enfants semble dans ce cas mélanger les registres : on confond la quantité d'informations dont l'enfant dispose et les besoins affectifs qu'il doit combler pour bien grandir, sans savoir le réclamer. Cette confusion pousse à croire que les enfants, « de nos jours », sont des adultes en miniature. Et les grands-parents de dire que, « de leur temps », ça ne se passait pas ainsi. La guerre des générations n'est pas loin, si elle n'a pas encore eu lieu…

Rien de plus banal ? Sans doute, mais ce conflit de générations est probablement exacerbé depuis qu'un brusque changement de perspective, dans les années 1970, a mis la performance individuelle au centre du fonctionnement familial. Depuis lors, cet individualisme tente de faire table rase du modèle familial

LE PASSÉ ÉLUDÉ : « OUBLIE ! »

traditionnel, voire du lien parental. Dans le même temps, il s'accroche à l'idée d'une place à ne pas perdre ou à conquérir dans un univers de travail instable, insécurisant. Le besoin de « trouver sa place » s'est en quelque sorte déporté de la sphère familiale à la sphère professionnelle.

Cette nouvelle norme a apparemment pris le dessus et bien rares sont ceux qui y résistent. Prendre le temps de penser au sens de ce que l'on propose à ses enfants en fonction de ce que ceux-ci donnent à voir et à entendre tient parfois d'une gageure. Pourtant, il suffit d'écouter les revendications des adolescents en souffrance concernant le « trop d'absence » de leurs parents et le « pas assez de repères familiaux », pour comprendre que le modèle gestionnaire de l'entreprise, avec sa « lutte des places », comme le dit le sociologue Vincent de Gaulejac, n'est en rien « performant » quant au développement psychique et affectif de l'enfant.

Killian a six ans et n'obéit pas. Ses parents l'amènent en consultation parce que l'école se plaint d'un comportement opposant, ce qu'ils confirment. Eux-mêmes en ont assez mais disent ne pas vouloir éduquer leurs enfants comme eux-mêmes l'ont été. Les enfants doivent pouvoir s'exprimer à table, manger ce qu'ils souhaitent, être indépendants le plus vite possible, apprendre seuls...

Pourquoi pas ? Le problème n'est pas là, mais dans la contradiction entre le modèle parental qui se veut tout en liberté et les attentes qui ressemblent fort à celles que pouvaient avoir leurs parents. D'un côté, les parents de Killian jugent certaines obligations « d'un autre temps »,

« trop exigeantes vis-à-vis des enfants qui ne sont que des enfants ». De l'autre, ces obligations deviennent des exigences quand Killian refuse de s'y soumettre et veut décider de tout.

Les parents de Killian attendent de lui qu'il soit aussi raisonnable qu'ils ont pu l'être. Mais ils ne font pas le lien entre le modèle d'éducation qu'ils lui donnent, qui place en quelque sorte l'enfant au même niveau qu'eux en matière de décisions, et le résultat qui en découle.

Killian se met en colère dès qu'il se trouve dans une situation imposée de l'extérieur, ce qui est finalement en adéquation avec la transmission parentale. Ce qui est certain, c'est que Killian ne peut pas nuancer son comportement. Il n'a pas les outils mentaux pour déterminer dans quel cas il peut décider et dans quel autre il doit s'en remettre à la décision parentale.

À la recherche de l'origine : la construction du sens

> « *Mon père avait quitté ma mère peu après ma naissance, et chaque fois que je mentionnais son nom, ce que je ne faisais que très rarement, ma mère et Aniela se regardaient rapidement et le sujet de conversation était immédiatement changé.* »
>
> Romain Gary, *La Promesse de l'aube*

Tout le monde ne peut pas être Romain Gary, Aragon ou Hergé, et transformer le manque fondamental de représentation d'un père inconnu et sans visage en une œuvre littéraire faite de « mentir-vrai », pour reprendre un titre d'Aragon, afin de chercher *la* vérité, *sa* vérité. Chacun de ces trois auteurs s'est en quelque sorte lui-même donné une origine en s'attribuant un pseudonyme, faute d'avoir « le nom du père ». Leur origine se confond alors avec leur statut d'auteur, sorte de nouvelle naissance qui intervient bien tardivement par rapport à leur venue au monde. Ces écrivains trouvent ainsi une représentation nécessaire dans un « autoengendrement » qui, à la fois, montre et cache le vide laissé par la non-reconnaissance du père. Bien sûr, la créativité dont ils ont fait preuve est une manière d'échapper à ce vide et d'inventer sa vie. Ce sont là des hommes d'exception dont la capacité de « résilience », selon le terme de Boris Cyrulnik, est particulièrement forte.

Tôt ou tard, les enfants dont le père est absent posent la question : « Qui est mon père ? Où est-il ? » Lorsque la connaissance ne leur est pas interdite, la quête du père est rendue possible. Le désir de rencontre nourrit la motivation de ces enfants à savoir et à agir. Pas de non-dit ni de secret dans ce cas, juste une rencontre différée, entre le fils ou la fille et le père. Ce dernier n'est pas annulé. Il est symboliquement présent par les mots de la mère et de l'entourage. Ces mots sont garants du lien de l'enfant à son père, ainsi que de la représentation qu'il peut s'en faire, susceptible d'évoluer avec l'âge et les nouvelles réponses à ses questions.

Le non-dit et le secret occultent les représentations mentales qui se forment à partir du langage. Dans beaucoup de cas, l'absence de langage crée un espace vide et clos dans le psychisme de l'enfant. On pourrait représenter cet espace comme une sorte de crypte sur la porte de laquelle il serait inscrit : « Interdit de pénétrer, sous peine de disparition. » Être interdit d'origine renvoie à une disparition au moins partielle de la pensée et de la temporalité. L'interdit de savoir veut faire croire à un danger de l'interrogation. Comme dans le conte de *La Barbe bleue*, la curiosité serait punie. Percer le secret, désobéir, serait prendre le risque d'être abandonné par celui sur qui l'enfant peut compter. La motivation du parent interdicteur est en fait détournée. Percer le secret représente pour lui-même un danger : danger d'abandon, risque de préférer l'autre parent renié.

LE PASSÉ ÉLUDÉ : « OUBLIE ! »

Le désir de savoir est contrarié par le risque de tout perdre : « Et si l'absent ne veut pas de moi ? » Ne pas savoir, ne pas y penser, ne plus poser de question devient la solution pour nombre d'enfants. Cette option revient à se priver de son histoire et du sens de celle-ci pour se construire. L'interdit de savoir envahit tous les registres de la connaissance, et en particulier celui des apprentissages scolaires. C'est à une véritable phobie du savoir qu'on assiste parfois et qui est mal comprise. Les difficultés d'apprentissage et de mémoire méritent qu'on se penche sur elles et qu'on évite les conclusions trop hâtives de paresse. Je n'ai jamais rencontré d'enfants paresseux. Juste des enfants empêchés d'apprendre.

Tristan ne mémorise rien. À neuf ans, il ne retient aucune poésie. Les liens entre des propositions n'ont pas de sens pour lui, les problèmes de mathématiques ressemblent à du chinois. Il a été vu par une collègue qui a détecté un « trouble des contenants de pensée ». Au-delà des difficultés cognitives de raisonnement et de mémoire, Tristan est un enfant anxieux qui « fouine partout », aux dires de ses parents qui « ne savent pas ce qu'il cherche ».

Nous entamons un travail de psychothérapie. Très vite, Tristan parle de la famille de son père comme d'une famille « où [il] n'y compren[d] rien ». Nous constituons ensemble un génogramme. Ce n'est pas un simple arbre généalogique, mais un outil qui permet de travailler les liens, les manques, les représentations et les affects des membres de la famille. Le génogramme évolue au fur et à mesure des entretiens, lentement, en fonction

ATTENDS... DÉPÊCHE-TOI !

de la personne dont Tristan parle. Les confusions et les erreurs sont prises en compte comme autant d'éléments à explorer dans les représentations généalogiques.

La difficulté porte essentiellement sur les deux oncles paternels. Tristan les confond, les superpose et est incapable de les nommer. Il évoque des visites au cimetière : il se souvient que les noms et les dates de ces deux frères décédés sont inscrits sur une tombe, mais il n'arrive jamais à se souvenir de ces inscriptions. Un entretien avec les parents révélera que l'un d'eux s'appelait Tristan. Le décès prématuré des deux frères de son père, qui n'en a pas fait le deuil, ne lui permettait pas d'en parler. Tristan pressentait un secret sans pouvoir le demander et se sentait impliqué sans pouvoir l'expliquer, à cause du comportement de son père qui le surprotégeait.

Tristan a pu passer dans la classe supérieure, améliorer ses performances. Il est adulte aujourd'hui, et a fait une scolarité sans redoublement, et même assez brillante.

Pour être partageable, l'histoire ne peut pas commencer n'importe où : il est nécessaire de pouvoir lui donner un début. Pas le début absolu, mais le début d'une période qui aura forcément une préhistoire et qui pourra constituer en elle-même une histoire.

Ainsi les grandes périodes de l'Histoire ont-elles un nom : l'Antiquité, le Moyen Âge, la Renaissance... L'organisation du temps en périodes marquées par des événements significatifs (déclin, guerres, révolutions, découvertes...) permet de donner des repères communs aux interlocuteurs. La chronologie permet d'ordonner le temps. Toutefois, elle est insuffisante pour donner du sens aux contenus. La grande Histoire contient

LE PASSÉ ÉLUDÉ : « OUBLIE ! »

simultanément l'évolution, les changements géographiques, scientifiques, sociaux, politiques ou législatifs, qui modifient l'actuel et le futur. Comme dans les familles, les alliances, les modifications de statut social, les déplacements, etc., réorganisent les représentations familiales et apportent de nouveaux questionnements, non sans effet sur les générations suivantes. À l'échelle d'un pays comme à celle d'une famille, un acte honteux, un échec, mais aussi une découverte ou une victoire vont modifier la mémoire historique ou familiale, dans le sens d'une appartenance dont on peut être fier ou non. Pouvoir questionner l'Histoire ou son histoire à partir des traces qui en sont données permet de penser et de s'approprier le passé en lui donnant du sens.

L'histoire du jeune enfant se joue bien souvent pour lui sur trois générations : grands-parents, parents et fratrie. Dans la clinique infantile, on constate que les confusions ou les manques de repères générationnels sont permanents chez les enfants qui consultent pour des troubles d'apprentissage persistants sans déficit de capacités, et malgré des rééducations ciblées sur la difficulté qu'on appelle « instrumentale » (dyslexie, dyspraxie, etc.). L'irreprésentable est, par nature, impensable. C'est la rêverie maternelle qui met en forme chez l'enfant un « appareil à penser les pensées » (Wilfred Bion), un contenant psychique dans lequel il pourra déposer ses expériences de pensée.

Avant de donner à savoir, il est nécessaire de donner à penser. Avoir sous les yeux ne suffit pas à produire de la pensée. L'autre, celui qui transmet, qui apporte du symbolique sous forme de mots traduisant ses représentations et qui se met à la portée de celui à qui il s'adresse,

ATTENDS... DÉPÊCHE-TOI !

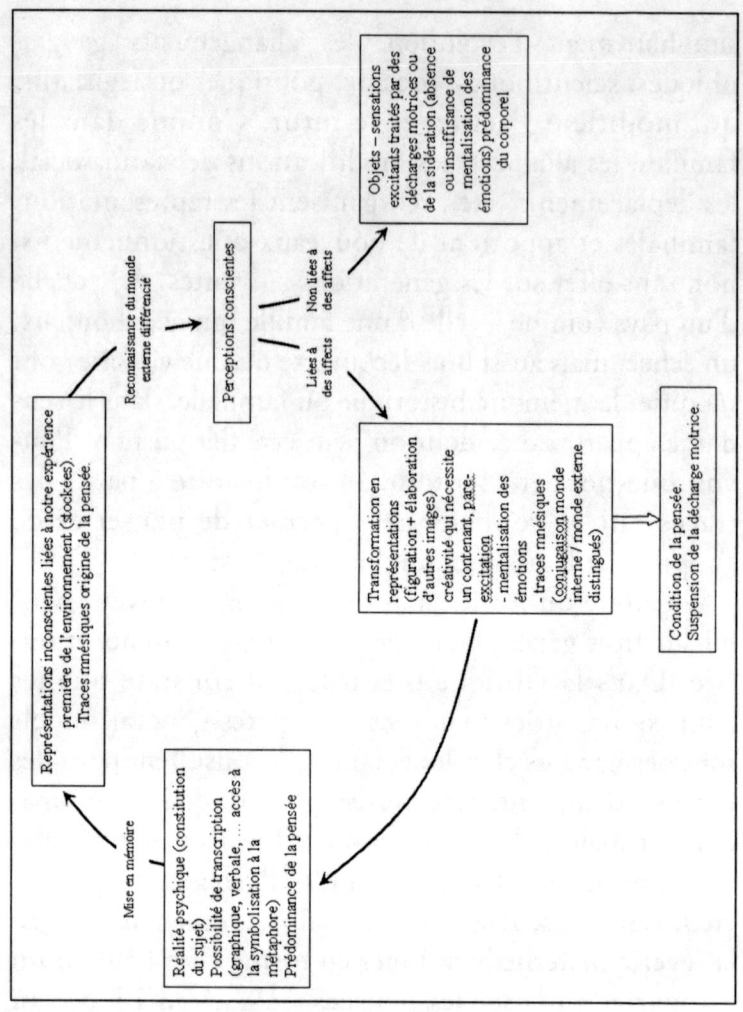

Schéma de construction de la pensée

La pensée ne vient pas automatiquement au petit homme parce qu'il grandit. Elle dépend de l'investissement affectif de l'enfant dans l'expérience à laquelle il est soumis et dans sa perception de cette expérience. Les affects vont transformer ce qui est vécu en représentations mentales. Quand tout se passe bien, ces traces mnésiques permettent d'ébaucher une réflexion qui s'enrichira au fur et à mesure des futures expériences, dans un cercle vertueux. En revanche, si l'investissement affectif fait défaut, la mise en mémoire défaillante ne sert pas la pensée. Seules persistent alors la réaction par le corps et l'action motrice.

offre le droit et la capacité de penser. Les affects contenus dans le discours sont des maillons indispensables qui tissent le contenant. Le désir de transmettre, en particulier, est le moteur de la pensée mise en mouvement chez l'enfant. Deux processus psychiques se conjuguent pour donner de l'épaisseur au contenant : employer les pensées puis, à partir d'elles, créer d'autres pensées, transformations des premières expériences.

On comprend bien que la transmission n'a rien à voir avec un discours informatif qui n'aurait pour but que d'affirmer et faire retenir un savoir que quiconque pourrait énoncer. La transmission hésite, transforme, enjolive, questionne... Elle parle de celui qui transmet, crée un lien. Elle donne une appartenance parce qu'elle donne un style dont l'origine provient de transmissions antérieures qui ont subi des métamorphoses subjectives et chronologiques.

Avant : les petits cailloux de l'identité

> « *Au temps où je lisais des contes de fées, je m'imaginais que ce genre de choses n'arrivait jamais, et voilà que je me trouve en plein dedans ! On devrait écrire un livre sur moi, ça oui ! Quand je serai grande, j'en écrirai un...* »
>
> Lewis Carroll, *Alice au pays des merveilles*

Alice grandit... trop vite à son goût. Avant, elle ne savait pas qu'elle pouvait se transformer parce qu'elle ne savait pas que ses pensées évolueraient. Le temps s'écoulait sans elle. Ce qui était, était ! Comme tous les enfants, elle savait qu'elle avait été un bébé, puis une petite fille, puis une grande fille, mais cette évidence ne mettait pas vraiment en cause sa permanence, le « toujours ». Le temps n'avait pas de prise sur elle, et d'ailleurs, le Lapin blanc, avec sa montre à gousset, n'était pas encore passé et elle ne l'avait pas suivi. Avant c'était différent, mais elle ne le savait pas. Les signes du temps qui passe n'avaient pas vraiment de sens. Et voilà qu'avec l'arrivée du Lapin au milieu de son vécu ennuyeux les bouleversements se produisent : tout ce monde dont elle n'avait pas conscience devient réel et le déroulement du temps

LE PASSÉ ÉLUDÉ : « OUBLIE ! »

prend tout son sens. Elle en fait l'expérience. Soudain, elle se souvient : avant, elle n'était pas pareille. Elle tente de résister, d'aller à contre-courant, grandit, rapetisse... Non, elle doit s'y faire, elle a grandi et elle va même vieillir. Mais, à présent, elle va prendre les choses en main !

Alice a de la chance, elle a déjà un passé dont elle peut se servir. Certes, beaucoup d'événements n'ont pas laissé de traces dans sa conscience – ce qui ne veut pas dire qu'ils n'en ont pas laissé dans sa mémoire –, mais la différence entre ce qu'elle vit à présent et ses souvenirs de convictions plus anciennes lui donne accès à la notion de changement, de mouvement et de transformation. Cette transformation qui n'abolit pas le passé, c'est du temps « à l'état pur », pour reprendre le mot de Proust. Le vivre, c'est s'affranchir de la mort. Évidemment, cela ne se fait pas sans un certain trouble, voire une certaine confusion. Alice ne sait parfois plus qui elle est, mais elle finit par retomber sur ses pieds et trouver son histoire suffisamment intéressante pour en faire un récit.

En d'autres termes, Alice prend conscience qu'elle est un « sujet », qu'elle pense par elle-même. C'est parfois difficile mais « tellement excitant », comme elle le dit elle-même, de sortir de la chrysalide et de prendre son envol ! Elle sait que ce qui se passe en elle permet d'intervenir sur la réalité externe. L'appareil psychique d'Alice joue son double rôle : d'une part, assurer la continuité de ce qu'elle est ; d'autre part, permettre sa propre transformation par l'investissement de soi et de son monde environnant. Alice est prête à affronter l'adversité.

Par cette analyse de l'évolution d'Alice, j'ai voulu décrire de manière métaphorique le processus de développement psychique normal d'un enfant. Celui-ci arrive à l'école primaire avec une capacité réflexive et une certitude de sa continuité suffisantes pour pouvoir entrer dans les apprentissages avec plaisir, mais aussi supporter les difficultés et les obstacles sans se désorganiser. En d'autres termes : pour travailler avec toute la frustration que cela implique.

Or, travailler demande du temps. « Ça se travaille », formule-t-on à juste titre chez les psychanalystes à propos d'une difficulté qui se répète. La prise de conscience d'une réalité n'arrive souvent qu'après que l'histoire a été réécrite (oralement) plusieurs fois, sous plusieurs formes. L'*insight*, cette sorte d'évidence qui s'impose à nous sans effort apparent, est le résultat d'une longue démarche, même si elle est inconsciente, pour trouver du sens. Entre-temps, des ponts se sont construits, lentement, entre différentes versions, jusqu'à ce qu'ils se rejoignent pour mener au but, comme sur une carte au trésor. Tous les enfants le savent, les courses au trésor ne mènent pas d'un point à un autre par une route toute tracée. Les impasses sont nombreuses et il faut parfois reculer pour retrouver le bon chemin. Il est nécessaire de se servir des erreurs antérieures et du souvenir des pièges tendus pour progresser. Chercher, se souvenir, mémoriser : en d'autres termes, utiliser l'expérience passée pour avancer. C'est ainsi que l'enfant apprend à travailler avec plaisir. Le sentiment de la continuité de soi qui en résulte n'a rien à voir avec le sentiment du temps des horloges. L'« exister » se situe dans un temps subjectif, un temps qui serpente par contraste avec un temps linéaire qui se déroulerait comme un long tapis rouge.

La conviction que l'Histoire a un sens et « du rôle inexorablement positif de tout progrès scientifique et technique » (Jean-Claude Michéa) est largement répandue chez les « décideurs » des sociétés occidentales. On retrouve cette certitude dans le monde du travail, dans lequel gravitent la plupart des parents d'enfants qui nous occupent dans ce livre. Pris dans une fuite en avant vers le « toujours plus », ils rentrent à la maison la tête encore au travail et le corps sur le canapé. Ces adultes dissociés, dont le présent est au seul service d'un futur proche, sont amputés à leur insu de la liberté qu'ils revendiquent : ce sont les à-côtés et les retours en arrière qui donnent la liberté à l'humain. L'esclave n'a pas légitimité à vivre autre chose que ce qui est imposé par son maître. L'enfant rêveur sait bien effectuer ce pas de côté ou en arrière, qui lui permet de diminuer la pression d'un travail dont le sens lui échappe. Il se déporte là où il peut créer, où son désir le mène, semant les petits cailloux de son identité.

M. T. est père de trois enfants. Il consulte sur les conseils de son médecin, pour des troubles du sommeil et un comportement qu'il juge lui-même « excessivement exigeant » vis-à-vis de ses enfants, en particulier en ce qui concerne l'ordre. Il travaille dans un secteur qui lui laisse peu de temps libre. Il rentre tard chez lui. Fils d'agriculteurs, il s'était juré que jamais il ne ferait ce métier trop ingrat. La ville le faisait rêver, ce qui était contraire au projet de ses parents qui souhaitaient le voir rester près d'eux. Malgré cela, il était « monté à Paris ».

Lors des premières séances, M. T. décrit son comportement et ce qu'il fait. Le discours est factuel et les tentatives pour établir des liens avec « avant » restent vaines. Les souvenirs ne commencent qu'à sa vie d'adulte et sont rationnels. L'émotion n'affleure pas. Elle est contrôlée. La réussite matérielle est, d'après lui, ce qui le préoccupe le plus. Les situations affectives sont difficiles à gérer ; il les fuit, se sentant incapable de mettre des mots dessus. Sauf en ce qui concerne la colère. Il me prévient qu'il n'a aucun souvenir d'enfance avant ses seize ans, âge où il est allé en internat.

Petit à petit, les souvenirs vont affleurer. Je me fais tout d'abord leur porte-parole en proposant des liens possibles avec une enfance en manque de marques d'affection, où seul le travail préoccupait les parents. Puis M. T. se souvient de lui-même. Le voile commence à se déchirer, son comportement s'assouplit avec les enfants, il parvient même à jouer avec eux. Lui qui ne se souvenait d'aucun rêve commence à se les rappeler, à prendre goût à en chercher le sens. Il les note dans un carnet qui contient son monde intime. M. T. retrouve le temps perdu de l'enfance et peut le repenser. En faire une histoire. Sans passé, point d'histoire.

Faire ou ne pas faire d'histoires : à chacun sa vérité

> « Et je ne savais pas encore [...] que c'est ainsi qu'insensiblement on passe de la banalité des choses quotidiennes à l'invention romanesque, à ce raccourci de nous où l'on change de nom, se choisit un décor comme au théâtre, et tout d'un coup les événements prennent sens... »
>
> Louis Aragon, *Le Mentir-vrai*

Rien n'est moins certain que ce que l'on raconte. Les mots ne servent que très peu à décrire et, même employés dans ce but, il y aura toujours un écart entre le signifiant et le signifié. Si « on ne peut pas ne pas transmettre », que transmettons-nous et comment ? Notre propre vision des choses, notre point de vue, sans aucun doute, par nos comportements et notre parole. La place de l'observateur, comme ses caractéristiques singulières, induit le choix des mots, le ton et les représentations que le langage soutient. En ce sens, tout langage contient une histoire. Pas toujours de façon manifeste, certes, mais latente : il renvoie au lexique de celui qui parle et, par là même, raconte à son insu quelque chose de sa propre histoire.

Bien qu'acquis tout au long de la vie et évoluant avec l'âge, le langage « expression » n'est pas le reflet de la chronologie. Ce serait le réduire à un récit du type « et après, et après... », comme le font les jeunes enfants ou ceux plus âgés qui ne savent pas lier les mots et l'émotion. Dès que l'enfant comprend « le choix des mots », la possibilité de piocher dans d'autres vécus que le sien – les contes, les textes des livres scolaires, le lexique des parents, ses souvenirs, etc. –, il a envie de jouer avec les mots et y prend goût. Parfois, le contresens vient dire la méprise, mais le mot a résonné et l'enfant a voulu le faire sien. Il correspond à un ressenti, une musicalité qui le fait vibrer et parle de lui. Ainsi, les références langagières employées, les tournures de phrases, les comparaisons, les métaphores diffèrent-elles d'un individu à l'autre. Certains sont reconnus comme des auteurs, d'autres non. Peu importe. L'essentiel est de se sentir romancier, d'être le héros de son roman.

Quand Flaubert ose dire « Madame Bovary, c'est moi », ne veut-il pas tout simplement exprimer que, dans une fiction, le personnage principal, même très éloigné de l'auteur, est subjectivement, émotionnellement son double ? Sans parler à la première personne, Flaubert parle de lui. Il (se) raconte son histoire et se transforme en héroïne, exactement comme le rêve sert à exprimer désirs et craintes en les travestissant pour le rêveur tout en affichant certaines de leurs singularités. La distance et le travestissement permettent de jouer à une autre vie que celle de l'apparence, qui est la vie intime, la vie

« privée ». Le jeu est la première création littéraire, ce « mentir-vrai » qui permet de se dédoubler. Les histoires commencent toujours à l'imparfait, même si le fameux « Il était une fois » n'est pas énoncé ; imparfait du souvenir, imparfait de la vérité, du lieu, du moment, de la permanence. La narration est instable et en soi une aventure. L'auteur lui-même ne sait pas où il va commencer, où il va aller ni par quels chemins il va passer. Il se dévoile au cours du récit ou de l'écriture. Le futur aussi est imparfait. La même histoire racontée à un autre moment n'aura plus tout à fait le même contenu, ni le même impact. L'histoire est toujours en devenir, comme le sujet qui en fait le récit. Il n'existe jamais de version définitive.

Quel plaisir prend l'enfant à se promener dans son histoire ! On l'accuse de rêver, alors qu'il revisite, interprète, explore, fouille. En fait, il apprend. Pas ses leçons, non : il apprend à jouer en faisant se rejoindre la réalité et la fiction ; il apprend à les combiner de différentes façons, à s'aventurer sur des chemins dont il n'avait pas connaissance jusque-là, à se servir de son « moi actif », même si, bien souvent, les grandes personnes pensent qu'il ne fait rien. Il perd son temps ? Non, il expérimente la surprise et le plaisir du cheminement et de la quête. Il fixe le point de départ, le déplace plusieurs fois et, comme dans « les livres dont vous êtes le héros », refait l'histoire en passant par d'autres voies. Il devient un interprète de sa propre histoire, l'auteur de son roman, un sujet au sens où il pose avec l'imaginaire le socle nécessaire à l'entrée dans la dimension symbolique. Il est acteur, il cherche la manière de jouer son rôle. Il ne ment pas, il ne triche pas, il lit et écrit sa vie sur l'ardoise

ATTENDS... DÉPÊCHE-TOI !

magique de ses pensées. Il conjugue les temps avec des « si », des « alors » des « maintenant » et des « plus tard »... Tout cela pour grandir, pour apprendre : avec les apprentissages (lecture et écriture) qui lui permettront de partager son expérience subjective grâce à un code commun, il entrera sans peine dans le monde symbolique élaboré des mots.

Dora est au CM2 lorsque je la rencontre. Elle a redoublé le CE1 à cause de « sa dyslexie ». Elle ne se sent pas bien mais ne veut pas en parler à sa maman. Ses parents sont divorcés et Dora a beaucoup souffert lors des violentes disputes avant leur séparation, qui l'a beaucoup soulagée. Toutefois, les images de ces disputes lui reviennent très souvent à l'esprit, surtout la nuit. « Pourtant, c'est du passé », dit-elle, mais « c'est comme si c'était hier ».

Elle pense sans cesse à ses parents, qui racontent chacun leurs soucis. Elle ne sait pas comment faire pour les aider. C'est comme si elle avait « une mission » qu'elle ne parvenait pas à accomplir. Comme si elle restait « sur place ». À l'école, c'est la même chose : elle a l'impression qu'elle va réussir, mais tout se brouille et c'est à peine si elle arrive à écrire. « C'est pour ça que ce que j'écris ne ressemble pas à ce que je veux écrire », dit-elle. « La maîtresse ne me croit pas. Elle pense que je ne travaille pas ! »

Dora parle, elle travaille de mieux en mieux. Elle régresse toutefois : elle arrive à une séance avec le bras en écharpe. Le médecin n'a trouvé aucune cause physiologique mais elle a très mal et ne peut plus écrire. Nous ne parlerons pas du symptôme, mais des événements

LE PASSÉ ÉLUDÉ : « OUBLIE ! »

(disputes) qui ont eu lieu cette semaine-là. Dora revient la semaine suivante sans bandeau. La douleur a quasiment disparu et la petite fille a fait moins de fautes dans sa dictée. Elle revit, elle avance, elle s'intéresse à elle.

L'immédiateté n'a pas sa place dans le monde des mots. La réponse du tac au tac ne sert pas le questionnement. Si l'enfant n'a pas le désir de fouiller son histoire, si ce désir est tué dans l'œuf par des ambitions parentales qui le dépassent, par des réponses rationnelles à ses questions, il aura peut-être le savoir mais pas la connaissance, le souvenir de lui-même et du plaisir à se chercher. Le chemin du savoir peut être linéaire. Pas celui de la connaissance, qui passe par un soi curieux d'aller voir ailleurs « s'il y est »... C'est dans un va-et-vient entre soi et l'objet de connaissance inconnu, convoité et difficile à acquérir, que le désir d'apprendre s'accentuera, à condition de pouvoir, un temps, lâcher la toute-puissance illusoire du monde imaginaire. La reconnaissance de la loi imposée par le code commun (lecture, écriture) engendrera un enrichissement d'un moi autonome et désirant, capable de faire évoluer ses représentations par des articulations de plus en plus complexes.

Olivia est une enfant précoce. Elle est entrée au collège avec une année d'avance. Ses résultats scolaires sont bons, voire très bons. Elle montre cependant, outre des difficultés d'endormissement, une inhibition assez importante à parler d'elle et à prendre soin d'elle. Ses parents s'en inquiètent. Ils la trouvent peu autonome, malgré une intelligence avérée. Ne le ferait-elle pas exprès ? Mais pourquoi ?

Olivia raconte : seules les notes comptent aux yeux des parents. Pour le reste, elle peut faire ce qu'elle veut, puisqu'ils s'en moquent ! Enfin, pas vraiment, convient-elle ; ils s'en inquiètent même, puisqu'ils l'ont amenée en consultation... Mais alors, s'il faut tout bien faire, elle va étouffer ! Elle veut jouer, voir ses amies, ne pas tout faire avec les parents. Elle a l'impression que seul le savoir qu'elle acquiert les intéresse et qu'ils ne la connaissent pas. « C'est pour cela qu'ils ne me font pas confiance », dit-elle.

Olivia n'a pas tout à fait tort. Forts de leur désir qu'elle réussisse dans la vie, réussite qu'ils conditionnent à un bon parcours scolaire, les parents d'Olivia l'ont stimulée dès sa naissance avec des jeux éducatifs de tous ordres et surtout l'intention « que cela serve ». Jouer pour jouer, imaginer et autres distractions sont toujours pour eux une perte de temps. Alors qu'elle a de très bonnes capacités, elle pourrait être encore meilleure si elle ne perdait pas de temps en activités « de gamine ».

Olivia raconte combien elle a l'impression d'être gavée de travail pour gagner du temps, au cas où... quoi, d'ailleurs ? Elle n'arrive à s'opposer que dans le refus des aliments qu'elle ne connaît pas, ce qui a une valeur symbolique certaine ! Elle regrette d'avoir sauté une classe mais ne peut plus revenir en arrière. Elle a l'impression d'être piégée, car elle a peur de perdre l'affection de ses parents si son niveau scolaire baisse. Le plaisir d'apprendre a disparu sous la contrainte. Olivia vit un quotidien sous tension. Elle ne trouve pas d'espace-temps pour parler avec ses parents de ses préoccupations, de ses relations. Il lui semble que tout cela est inutile à leurs yeux. Seule l'activité théâtre au collège est admise. La maman dira que cela lui permet d'exercer sa mémoire en apprenant des textes !

Pour les parents d'Olivia, selon les termes de la psychologue et psychanalyste Catherine Weismann-Arcache, « l'enfant intellectuellement précoce serait l'enfant du développement, enfant mythique du point de vue génétique, à l'évolution linéaire et prévisible. Celui-ci aurait simplement pris de l'avance, évaluable en temps gagné ».

Les traces et les mythes : socles de l'imaginaire, du symbolique et de la créativité

> « L'histoire elle-même s'incline devant le mythe de toute-puissance infantile, pour peu que le mythe soit pris vraiment au sérieux. »
>
> Marthe Robert, *Roman des origines et origines du roman*

Mythe et métaphore ont partie liée. Comme mise en scène de l'inconscient humain, le mythe raconte l'inconscient de tout un chacun. Il permet également, à l'instar du rêve, de se familiariser avec des représentations plus ou moins tolérables. Le déplacement imposé par la métaphore est utilisé par le mythe pour installer suffisamment de distance émotionnelle avec les personnages et les situations. La créativité individuelle de chacun est sollicitée, en phase avec le niveau de développement affectif et psychique.

Prenons pour exemple un héros célèbre de la mythologie grecque : Hermès. Hermès veut tout savoir. Avec les sandales ailées que son père lui a offertes, il parcourt le monde à la recherche des réponses aux questions qui l'obsèdent. Hermès est présenté dans la mythologie comme un enfant précoce. Kirikou, le personnage de dessins animés imaginé par Michel Ocelot, pourrait s'inscrire dans sa lignée. Tous deux posent des questions qui se réfèrent à la vie sociale, à ses fondations, ses valeurs, questions qui concernent la mémoire collective. Kirikou est dans les pas d'Hermès comme Michel Ocelot dans ceux d'Homère et de son *Odyssée*. C'est une version contemporaine et tout aussi imaginaire d'un questionnement sur la nature humaine et l'origine. Le décor a changé, la quête demeure. Le déplacement dans le temps et l'espace permet de reposer la question et de la réactualiser. Éternel et universel, ce questionnement *est* l'humain. Il ne peut y être répondu que par le mythe, sous peine de perdre sa raison d'être. « Le mythe, c'est la langue qui permet d'exprimer le monde du devenir », nous dit le philosophe Ernst Cassirer. Et qui donne au présent sa signification. La méthode est on ne peut moins subjective, et pourtant elle est universellement utilisée. Tous les mythes ont le même objectif : créer un avant qui se situerait dans une temporalité autre, indéfinissable au regard de notre temporalité sociale mais qui propose toutefois un récit traitant de l'origine et de la mort comme constituant la condition humaine. Les héros mythologiques et leurs histoires sont des représentations symboliques des divers caractères humains, partageables par tous.

La temporalité sociale et la temporalité mythique coexistent dans le psychisme de chacun, afin de constituer le temps vécu. C'est une nécessité pour que le temps linéaire et irréversible (celui des horloges), temps évident du réel qui nous confronte à l'angoisse de la mort, à notre finitude, soit équilibré par le temps du mythe, temps de réactualisation, temps cyclique qui permet les retours en arrière et qui rythme l'existence en épisodes.

On préfère souvent lire aux jeunes enfants des contes plutôt que des récits mythologiques. C'est dommage ! Ils n'ont pas tout à fait la même fonction. Ceux qui ont la chance d'entendre des récits mythologiques à l'âge de l'école maternelle éprouvent souvent un grand plaisir et surprennent par leur compréhension des enjeux décrits. L'enfant reconnaît dans les personnages ses propres caractéristiques, et un réalisme moindre que celui des contes folkloriques facilite l'accès à la symbolisation des émotions. Dans l'histoire des récits, le conte est postérieur au mythe, dont il n'est qu'une forme plus proche de la civilisation contemporaine. Pourquoi attendre le collège pour proposer ce type de récit aux enfants ? *Le Feuilleton d'Hermès*, de Muriel Szac, est un bijou de réécriture et de relecture du genre. La vie du héros, présentée comme une chronique à raconter soir après soir aux jeunes enfants, allie connaissance imaginaire, dimension symbolique et, bien sûr, dans sa forme narrative, double dimension temporelle, linéaire et cyclique.

L'enfant est toujours celui de l'après-coup. Il se situe dans le futur de sa procréation, irreprésentable. Il n'a de cesse, dès qu'il s'est posé une première fois la question de son origine, de la reposer encore et encore. Les réponses classiques sont toujours insatisfaisantes. Identiques les unes aux autres, elles ne font pas avancer l'enfant dans sa recherche. Elles peuvent suffire à différer pour un temps le questionnement, mais avouons que les réponses horticoles (les roses, les choux et autres graines) généralement avancées par les adultes ne suscitent pas un grand engouement. Ce que l'enfant questionne, c'est l'histoire de

LE PASSÉ ÉLUDÉ : « OUBLIE ! »

l'humain, au-delà de lui-même. Sa demande est juste celle d'une piste qui l'entraînera ailleurs que là où il en est déjà, car cela ne lui suffit plus. C'est par d'autres histoires qu'il accède à la sienne et donne du sens aux événements de la vie de sa famille. De cette façon, il jette des ponts et développe son intelligence, et non par une accumulation de savoirs, comme on le croit bien souvent. C'est le mystère ou, comme le dit Paul Ricœur, « l'intrigue » qui forme l'esprit au questionnement qui en amène d'autres. Émettre des hypothèses est plus formateur pour le développement psychique que recevoir une information indiscutable. Sous l'hypothèse est le désir, et c'est bien cela qui fait la spécificité du questionnement. On peut regretter que les formes affirmative et impérative soient si présentes dans le discours des adultes qui s'adressent aux enfants, au détriment des phrases interrogatives.

Dans le cadre scolaire, en cours de français, on demande souvent aux enfants d'imaginer la suite d'un récit, mais bien plus rarement ce qui s'est passé avant l'épisode étudié. Or, l'origine d'une situation advenue est tout aussi intéressante. Le mouvement temporel qui consiste à imaginer ce qui a pu provoquer une situation donnée réclame à la fois un travail hypothétique sur l'origine et un travail d'adaptation à une réalité connue, la conséquence. Qu'est-ce qui a produit cette situation ? D'où provient-elle ? La contrainte de pensée réflexive est plus importante, car elle requiert à la fois imagination et logique pour atteindre la séquence déjà donnée. C'est le souhait de parvenir jusqu'à elle, en quelque sorte de la « re-produire », qui va conduire à imaginer le trajet pour y arriver. Dans un cas, le récit à produire est la conséquence d'une situation donnée, et dans l'autre, il en est l'origine. La combinaison des deux ordonne le temps, lui donne sens. Symboliquement, les temps du récit se partagent entre la naissance, la vie et la mort, et répondent à l'énigme[1] posée par la Sphinge à Œdipe, qui fait référence aux trois phases de la vie : l'enfance, l'âge adulte et la vieillesse.

En grandissant, l'enfant questionne avec intérêt le temps sur trois générations. Il les lui faut pour s'inscrire dans la filiation. Parce qu'il lui faut l'absence (des grands-parents), ou au moins l'écart creusé par la présence des parents entre lui et eux, pour faire de la place à sa créativité. Il y aura au moins deux récits, ceux des deux générations précédentes, qui, en se conjuguant dans l'esprit singulier de cet enfant, en produiront un troisième. C'est dans l'éloignement du passé qu'il va déposer des fragments du mythe qu'il construit, dans ce « à l'époque... » qui doit faire tendre l'oreille. La quatrième génération est celle de son futur, des enfants qu'il aura. Elle est hypothétique et va se modifier tout au long de l'enfance et de l'adolescence. Elle est déjà là en germe, c'est de là qu'elle tire son origine.

Pour construire ou inventer sa propre histoire, il est nécessaire d'aller à la recherche des traces laissées par d'autres, puis par soi-même. Ces traces, dont certaines tomberont dans l'oubli, sont dévoilées par la parole, par le langage utilisé par celui qui en parle avec une certaine tonalité affective. Ainsi, les traces n'ont pas la même intensité, la même résonance pour chaque membre de la famille. En fonction de l'orateur et de l'auditeur, la trace

---

[1]. « Quel animal marche à quatre pattes le matin, à deux pattes le midi et à trois pattes le soir ? »

LE PASSÉ ÉLUDÉ : « OUBLIE ! »

prend diverses formes plus ou moins marquantes pour le psychisme. La combinaison de ce qui est émis et reçu constitue le bagage de chacun : fardeau pour les uns, malle aux trésors pour les autres. Combinaison jamais dépourvue d'intérêt, puisque constitutive de la construction extraordinaire du sujet en devenir.

Un des jeux préférés des enfants est bien de trouver des traces qui le mèneront à l'endroit mystérieux où est caché un trésor. Les traces mènent à l'histoire qui mène au mythe. À quoi bon trouver ce que l'on sait déjà ? Une boîte en ferraille peut n'être qu'une boîte en ferraille, mais aussi la cachette d'un plan qui mène à un lieu mystérieux, que d'autres enfants passés avant soi avaient déjà trouvé... Il faut les rattraper afin qu'ils n'arrivent pas les premiers, et... L'enquête débute par ces simples mots lancés par l'un des enfants qui a transformé une marque dans le sol en une trace signifiante. Les traces du passé deviennent des pistes d'avenir. L'enfant qui joue avec les traces est capable de donner du sens à un passé imaginaire. L'adulte référent a suffisamment bien fait son travail de passeur, afin que le passé ne soit pas envahi de fantômes trop inquiétants pour partir à sa recherche. L'enfant joue. Il s'invente une autre vie qui ressemble à celle d'un héros mythologique. Son histoire est en marche.

Dans une classe de CM2 d'une école de Zep (zone d'éducation prioritaire), le maître a donné aux élèves un extrait de texte de quatre lignes, rédigé à la première personne du singulier et au passé composé. La consigne était d'imaginer ce qui s'est passé avant et après ce court épisode.

ATTENDS... DÉPÊCHE-TOI !

La difficulté rencontrée par les enfants a été de raconter le début de l'histoire à la première personne, de se mettre dans la peau du personnage (malgré la simplicité de la situation). La plupart ont rédigé cette partie à la troisième personne du singulier, se plaçant dans l'imaginaire d'un personnage extérieur qu'ils pouvaient « observer ». Ils n'ont pas tenu compte de ce qu'exigeait le texte. Par ailleurs, beaucoup n'ont pas utilisé le bon temps.

En revanche, la deuxième partie de l'exercice (imaginer la suite de l'histoire) leur a posé moins de problèmes, tant en terme de personne que de temps.

Dans la première partie, la tendance générale est donc au jeu du « Je est un autre », comme le disait Rimbaud, avant que le texte imposé, tel un guide, ne recale les enfants dans la réalité. Du reste, la plupart ont rédigé à partir de là des événements qui se rapportent à leur quotidien.

La mise par écrit de la situation imaginaire antérieure est donc beaucoup plus riche d'enseignements sur le fonctionnement de l'enfant et sa capacité à établir des liens entre des événements, à en situer l'origine et le cadre. En d'autres termes, à créer.

Dans la copie suivante, l'élève a su utiliser le bon temps et la bonne personne en rédigeant la situation antérieure :

LE PASSÉ ÉLUDÉ : « OUBLIE ! »

> Dans le cinéma, mes copines est moi on a regardé un film de tristesse. Moi, je m'appelle Stella. Quand on est sortie du ciné on est allée acheter des vêtements. Quand on a acheter les robes, les jupes etc... Je suis allée voir tout seule des chaussures à talons j'ai crié de colère car il coûte très cher. Je suis rentrée chez et j'ai regardé la télévision.
>
> -Viens manger! a crié ma mère depuis la cuisine.
> -J'ai pas faim, ai-je braillé
> Mais bien sûr, elle a insisté. J'ai cédé. En râlant, je me suis traînée traîné jusqu'à la cuisine.
> Elle a sorti le plat du four.
>
> Encore des pizzas! Moi je veut des frites crié ma petite sœur. Mon père qui s'appelle Simon a dit bon d'accord on va te préparer des frites! Quand on a fini de manger j'ai fait la vaisselle. Mon papa a crié et il a dit que dans la météo il y a peut-être des grandes orages. Ma mère a dit les enfants nous dormait avec moi! Ma petite sœur dit d'accord je me préparer.

La copie suivante illustre bien la difficulté grammaticale rencontrée, même si l'enfant fait preuve d'une réelle créativité pour imaginer la situation antérieure. L'élève n'a pas su respecter la consigne mais a produit un texte de création libre.

ATTENDS... DÉPÊCHE-TOI !

> Aujourd'hui, Lisa part chez sa cousine. Lisa ramène un cadeau parceque ces sont "Anniversaire". Lisa ramène aussi un gâteau et des boissons... Elle dit que l'annivers aire était ("Super"). Sa cousine ouvre son cadeau. Et Elle Souris Elle dit « Merci Lisa J'aime beaucoup se cadeau". Et Lisa rentra chez-elle dans sa maison. Lisa pa dans sa chambre et lit un livre très drôle.
>
> -Viens manger! a crié ma mère depuis la cuisine.
> -J'ai pas faim, ai-je braillé
> Mais bien sûr, elle a insisté. J'ai cédé. En râlant, je me suis (traînée) traîné jusqu'à la cuisine.
> Elle a sorti le plat du four.
>
> Qui était très bons c'était un gratin au quatre fromage. Je suis sortie. je suis partis dans le jardin Pour ecouté de la music et pour mamusé avec mes copines. on est partis prendre le goûte avec mes copines. je suis partie regardé la télévition. Et je me suis endormie profondement.
> ! Fin de l'histoire !

La difficulté majeure est bien de savoir et d'oublier à la fois le moment de jonction symbolisé par le texte imposé par le professeur : il représente un point de départ auquel

LE PASSÉ ÉLUDÉ : « OUBLIE ! »

il va falloir trouver une origine et un point d'aboutissement intermédiaire qui va articuler le récit. Articulation qui signifie qu'il y aura quelque chose après et qui donne une continuité à l'histoire. Retourner en arrière pour aller de l'avant : quand l'histoire commence, on sait qu'il y aura une suite. Quoi de plus rassurant !

Le passé composé : structure familiale et liens

> « *Chaque sujet est précédé par le groupe dans lequel il est appelé à prendre place et à contribuer à sa maintenance.* »
>
> René Kaës, *Le Malêtre*

Avant même sa venue au monde, l'enfant à naître a une histoire singulière dans laquelle il s'inscrit. L'espace qui lui est offert répond à la fois à une place assignée (répondre aux souhaits conscients et inconscients de ses parents et à une inscription dans la suite des générations) et à un espace singulier (conscient et inconscient, lui aussi) qui le constitue comme sujet dans le groupe de ses contemporains. L'importance des « autres » est donc essentielle dans la construction du sujet, c'est-à-dire de l'identité au sens large de l'être humain. L'adaptation des « déjà là » au « nouveau venu », et inversement, nécessite de se familiariser ou, comme le disait le Renard au Petit Prince, de « s'apprivoiser ». Certes, « lorsque l'enfant paraît, le cercle de famille applaudit à grands cris » (Hugo), du moins dans la plupart des cas. La réalité du bébé, avec ses besoins et caractéristiques propres, est masquée par la joie inconditionnelle de sa naissance. Bien vite, il va incomber aux parents, seuls dépositaires de cette fonction, de prendre soin de cet enfant et de s'accorder avec lui. L'enfant réel prend la place de l'enfant imaginaire idéal dans le désir des parents.

S'accorder avec l'enfant ne signifie en aucun cas être à sa disposition, réagir au quart de tour, voire anticiper tous ses besoins avant même qu'il ne les ait exprimés. Cette « gestion parfaite » du quotidien laisse bien souvent les mères exsangues et privées d'espace où vivre leur vie affective et sexuelle. La réduction du vécu à un comportement adaptatif n'a jamais rendu personne heureux ni parfait. En prônant le culte de l'instant présent et de l'efficacité, notre société fragilise les identités et le lien collectif. La transmission, si importante, ne compte plus parmi les critères de bien-être.

Transmettre... quoi ? Comment ? Le terme évoque de multiples représentations des contenus de la transmission. On transmet un bien en héritage, un savoir, un message... L'espace et le temps réels ne sont pas les seuls convoqués. Ils sont conjugués avec ce que « le passeur » a façonné auparavant, en d'autres temps et d'autres lieux. L'important, c'est le passeur s'adressant à l'autre. Inconsciemment, il réorganise ce qu'il transmet en fonction de ses intentions. L'antériorité de ce qu'il transmet subsiste partiellement et la part personnelle qu'il y a apportée a modifié l'objet de la transmission. La métamorphose se mesure davantage en termes qualitatifs que quantitatifs. La valeur des contenus transmis augmente ou diminue donc en fonction de la modification apportée par celui qui transmet.

Ainsi, une même histoire peut être racontée par plusieurs membres de la famille de façons si différentes qu'elle suscitera l'ennui pour les uns et l'émerveillement pour les autres, selon l'investissement affectif de celui qui raconte. Investissement bien souvent inconscient – mais parfois non, quand le but est d'intéresser celui qui écoute et de s'intéresser à lui, en particulier si c'est un enfant. Quand le récit vise seulement à permettre au conteur de se mettre en scène, sa portée sera sans doute moindre que s'il vise à provoquer chez l'enfant des représentations accessibles, des images sources d'émotions, des affects. Dans le premier cas, le narcissisme du conteur (son corps, ses manières) prendra davantage de place dans le souvenir de l'enfant que le récit, parasité par ce trop de présence. La réminiscence en sera contrariée.

Cela étant posé, comment l'enfant s'inscrit-il en tant que maillon actif d'une histoire qu'il prend en marche ? Une partie de cette inscription appartient à la linéarité du temps écoulé : elle tient aux liens de parenté verticaux et horizontaux (fils, fille, cousins, parents…), repérables sur un arbre généalogique. Mais, surtout, il y a tout ce qui fait la singularité des relations entre membres de la famille, ce qui en est omis ou raconté par les uns et les autres, qui traduit des liens complexes, énigmatiques. Le récit historique logique cède alors la place dans l'imaginaire de l'enfant à une intrigue qu'il aura à dénouer. À ce stade, l'enfant est capable de poser des questions, parfois dérangeantes. Il utilise en effet très tôt ses capacités à lier des événements et des comportements, sans oublier d'en relever les contradictions s'il le faut.

Si on lui laisse la possibilité de s'exprimer, c'est-à-dire le temps de poser les questions, et si l'adulte interpellé daigne s'interroger sur le véritable sens du questionnement, l'enfant développe non seulement ses capacités à

LE PASSÉ ÉLUDÉ : « OUBLIE ! »

penser sur le plan intellectuel, mais son appareil psychique. Ce faisant, il améliore ses compétences à établir des liens, à comparer et à tirer d'une expérience intellectuelle des interprétations personnelles, qui vont le constituer et renforcer son identité. L'enfant déconstruit ce qui lui arrive de l'extérieur (via une tierce personne) pour créer autre chose (sa version propre). Tout cela prend du temps, dans la mesure où chaque version d'un événement qui lui est rapporté doit être analysée et remaniée. Mais aussi parce que l'expérience doit se renouveler pour que l'enfant en fasse un mode d'approche des autres événements qui se présenteront à lui et feront partie de sa vie sociale.

La petite enfance est, avec l'acquisition du langage, la période la plus féconde à cet égard. Elle est fondatrice de la sécurité identitaire et de l'autonomie qui doit prendre forme avant les apprentissages scolaires. La période des « Pourquoi ? », souvent si fatigante pour les parents, est une phase essentielle de cette construction et il faut plutôt s'alarmer si elle n'a pas lieu. Pour que ce travail psychique puisse se faire, il est nécessaire que la confiance envers un parent dépositaire de ces questionnements sur la famille, sur « l'avant », se soit mise en place dans les premiers mois de la vie. Cette confiance s'établit lors de l'accordage « bébé-mère », où le bon rythme et l'espace entre la mère et l'enfant s'installent petit à petit, sans rupture catastrophique. « Du jeu » se crée dans les premiers mois après la naissance, au sens d'espace pour la pensée et l'imprévu. Cette confiance n'a pas pour corollaire, comme on le croit trop souvent, une vérité absolue qui doit être dite à l'enfant. La confiance naît du désir de l'adulte de permettre à l'enfant de trouver une vérité qui le satisfasse à un moment donné. Il aura la liberté de la modifier lorsqu'il aura établi d'autres liens, à la suite de nouvelles informations ou grâce à l'évolution de sa capacité à questionner son histoire.

La famille est le premier réseau social que rencontre l'enfant. Son mode de relation avec ceux de « l'extérieur » se fera, au moins dans un premier temps, sur le modèle qui lui a été transmis par les membres de sa famille, en particulier ses parents. Cette transmission par les parents dépend de l'histoire de la famille, les événements vécus par certains membres et par le groupe ayant eu une résonnance particulière et créé des mythes et une « idéologie » familiale propre. La filiation (généalogie directe) et l'affiliation (par mariage, vie commune, sentiment d'appartenance) conjuguent les mythes et les idéologies dont certains persistent, s'étiolent ou se métamorphosent au cours du temps. Au-delà du contenu du récit, sa valeur symbolique fait l'objet d'une transmission invisible mais cruciale, quant à la formation de la pensée (ou son parasitage). Ainsi, dans une famille où se transmet de génération en génération un interdit de penser différemment de l'ancêtre, sous peine d'être taxé de traître, la conservation du discours ancestral fait obstacle à la créativité des « héritiers », à leur insu. Reste heureusement une possibilité : la remise en question de l'ordre établi, qui fait prendre le risque de la rupture... C'est en ce sens, d'ailleurs, que les ruptures sont transmises sur un mode traumatique aux descendants. Ce n'est pas d'avoir pensé différemment qui est traumatique, ce sont les conséquences de cette liberté prise avec

LE PASSÉ ÉLUDÉ : « OUBLIE ! »

la filiation symbolique, source de malaise et de troubles relationnels pour les suivants.

Dans la famille H., le conflit intergénérationnel est une marque d'appartenance. M. H. n'aurait pas supporté d'avoir une belle-famille unie. Il n'aurait pas su comment se comporter. Il a vécu avec des parents et des grands-parents qui, à chaque fête de famille, se lançaient des reproches, quand ils n'en venaient pas aux mains. Chez son épouse, la mésentente, bien que plus insidieuse, était également présente et la similitude des ressentis leur a fourni un terrain d'entente commune.

M. et Mme H. s'entendent très bien, ce qui agace leurs deux enfants, qui font du conflit intergénérationnel un style de vie. Ils s'opposent depuis tout petits avec virulence aux exigences de leurs parents. L'agressivité est le mode majeur des échanges familiaux. À vrai dire, personne ne sait plus pourquoi les relations familiales sont si haineuses dans les deux lignées. C'est comme si les méchants étaient ceux d'avant.

En ayant eu des enfants, M. et Mme H. se sont mis dans la situation de leurs propres parents, susceptibles d'être attaqués par leurs enfants. Les manifestations de cette inquiétude inconsciente sont de l'ordre de l'autoritarisme qui a pour effet, chez le plus jeune des enfants, de se soumettre, et chez l'aîné, de s'opposer à toute proposition des parents. À tel point qu'âgé de vingt ans il ne sort plus de la maison, dans laquelle il ne lui est attribué aucun rôle fonctionnel. Il est très déprimé. Lorsque je le rencontre, il décrit les journées qu'il passe à essayer de comprendre « pourquoi cette famille est folle et comment réparer ces relations désastreuses ».

Il explique que les ruptures ont toujours été consécutives à des thèmes de discussions qui ne faisaient pas l'unanimité et que, dans les familles de ses père et mère, on ne peut pas penser autrement que ses parents sans être taxé de trahison et banni de la famille. La seule solution qu'il ait trouvée, c'est « de [se] faire un nom, enfin… un prénom » et de réhabiliter les H. en devenant le plus célèbre d'entre eux. Refaire l'histoire familiale grâce à lui. Pour cela, il mettrait la famille en scène avec humour afin de la reconstituer et la partagerait avec des spectateurs conquis !

Il n'y a pas d'histoire sans récit et pas de « sujet » sans histoire. Tous les enfants réclament un jour qu'on réponde à leur question : « Et moi, j'étais où avant ? », qui rappelle que le temps ne se déroule pas encore pour eux. Que le sentiment d'avoir toujours été là peut côtoyer la représentation d'un avant où ils n'étaient pas, manière de souligner combien le temporel et le spatial sont liés dès la petite enfance. C'est l'acquisition du langage, des mots qui viendront remplacer les choses et les lieux, qui donne accès à la dimension symbolique et à la permanence, et qui permet d'ordonner le temps. Quand la préhistoire, le non-là, est concevable, l'histoire peut commencer. « Toujours », qui se rapporte à l'immuable, s'évanouit avec la notion d'histoire. Le passé et le présent sont différenciés et il devient donc possible d'imaginer le futur.

Dans une société de l'urgence, où le langage a tendance à avoir une visée plus informative et affirmative qu'interrogative, ce n'est pas l'appauvrissement du bagage lexical en nombre de mots qui est le plus problématique, mais celui des modalisateurs qui personnalisent le discours et traduisent la subjectivité du locuteur. C'est par les récits transmis en tenant compte de celui qui les reçoit que l'échange devient intersubjectif, en particulier lorsqu'on parle de la famille en famille. La neutralité n'existe pas.

Le temps imparfait : effacer les traces

> « J'ai vécu contre mon père (et contre ma mère et contre mon grand-père, ma grand-mère, mes arrière-grands-parents) ; faute de les connaître, je n'ai pu lutter contre de lointains aïeux... »
>
> Henri Michaux, *Plume*

Nadia a été adoptée bébé. Elle l'a toujours su, tout comme son frère cadet. Elle a seize ans lorsqu'elle consulte. Elle ne supporte plus ses parents, ne les reconnaît plus comme tels. Elle est certaine qu'ils mentent. Qu'ils savent qui sont ses parents d'origine mais refusent de le lui dire, de peur qu'elle les recherche. Elle fouille la maison dès que ses parents s'absentent. Elle ne trouve rien. Elle finit par en parler à sa mère, qui lui dit ne savoir qu'une chose : que sa mère était mineure quand elle l'a mise au monde. Nadia s'acharne. Si elle sait cela, elle doit en savoir plus. Mais sa mère affirme qu'elle ne sait rien d'autre. Elle peut juste lui donner le nom de l'association qui s'est occupée des démarches d'adoption, afin qu'elle la contacte.

Nadia hésitera longtemps avant de faire la démarche. Elle a besoin de se préparer. D'anticiper une éventuelle

LE PASSÉ ÉLUDÉ : « OUBLIE ! »

déception, un dossier vide. Son angoisse est importante. Si elle n'a pas de réponse, elle n'en aura jamais, pense-t-elle, et il lui faudra faire le deuil d'une identité maternelle, d'un nom. Pour ce qui est de son père, elle n'y croit pas, elle a déjà renoncé. Au bout de plusieurs mois de réflexion et d'hésitations, Nadia contacte l'association et obtient un rendez-vous : elle pourra consulter son dossier sur place.

Nous nous voyons pour sa séance hebdomadaire, quelques jours plus tard. Nadia se dit soulagée mais aussi perturbée par ce qui s'est passé : elle a eu accès à son dossier, qui comportait le nom de sa mère et la mention « de père inconnu », comme elle s'y attendait. Elle connaissait enfin l'identité de sa mère d'origine. Mais, à peine sortie des locaux de l'association, elle avait été incapable de s'en souvenir. Impossible de fixer ce qu'elle avait lu et n'avait pas écrit. Des lettres seulement, de vagues sons qui se mélangeaient et ne formaient jamais les mêmes mots. Elle avait su quelques instants, vu la trace, la preuve. C'était une certitude qui seule restait. Importante, suffisante pour vivre sa vie.

Bien sûr, nous voulons savoir. Du moins, nous le croyons : avoir des preuves, des noms, des vérités, tous ces éléments qui attestent d'une antériorité, d'un « être avant » qui nous donnerait la certitude que nous sommes enracinés dans notre identité. Une référence d'appartenance. À première vue, c'est ce que nous souhaitons et tous les enfants adoptés réclament ce savoir, en général à l'orée de l'adolescence. Mais, lorsqu'ils ont accès à l'identité de leurs géniteurs, à leur origine culturelle et sociale, ils se trouvent paradoxalement encombrés par cette

ATTENDS... DÉPÊCHE-TOI !

information qui se télescope avec ce qu'ils ont acquis des parents qui les ont élevés, leur ont transmis des valeurs et ont fait émerger en eux des désirs ancrés dans cette filiation. Certains de ces enfants oublient, effacent rapidement de leur mémoire le contenu des documents auxquels ils ont eu accès et qui sont finalement source de frustration.

Savoir n'est pas connaître : des noms et des liens de filiation officiels ne suffisent pas à construire une histoire. Ce qui déçoit ces jeunes, c'est de trouver un savoir « vide », alors qu'ils espéraient trouver des représentations qui leur donneraient à penser une histoire. Difficile de projeter des sentiments sur un document administratif et, bien sûr, de renouer des liens affectifs qui n'ont pas existé. « Une photo aurait été mieux », disent certains, pour se représenter mais aussi pour construire une vie, broder un roman à un personnage à partir d'un visage, d'un regard, d'une expression, et de là, « refaire l'histoire ». Pas forcément idyllique, peut-être même violente, mais peu importe. Donner du sens, c'est ce qui compte. Donner du sens, c'est dérouler du temps, imaginer des événements qui deviennent des aventures (même à trous), qui donnent une énigme à résoudre. Un passé incomplet – mais peut-il en être autrement ? – qui demande à présent, et pour plus tard, de renouer des fils.

Mais ces traces qui se résument à des cartes d'identité incomplètes, qui fournissent éventuellement une origine ethnique, à quoi bon les soumettre au regard dérouté de l'enfant qui rêvait jusque-là d'une histoire particulière ? On lui avait dit d'attendre, qu'un jour il aurait le droit de savoir. Il a cru que le voile se déchirerait, et puis... tout ça pour ça. Et la confiance perdue, l'envie de

LE PASSÉ ÉLUDÉ : « OUBLIE ! »

grandir stoppée, la croyance dans les adultes mise à mal : comment ne savaient-ils pas, eux qui ont été petits, que ce n'était pas ça que l'on voulait ? Pourquoi infliger une deuxième fois la disparition du Père Noël ? Que faire de toute cette énergie soigneusement entretenue pour le jour de la révélation ? Car, pour l'enfant adopté, le travail d'origine, les mises en scène imaginaires de l'avant-soi sont forcément tronquées : le récit de sa venue au monde commence après sa naissance, alors que pour les autres il commence avant. Où sont les traces de sa préhistoire ? Dans quel lieu sont-elles enfouies ? Comment retrouver le fil ? Il s'agira de faire de chaque histoire une histoire particulière, de faire de sa différence une spécificité identitaire pour aller de l'avant, de créer une nouvelle histoire, avec ce qui manque.

Tous les enfants ont besoin des traces du passé. Ils cherchent : dans les tiroirs, derrière la porte quand on leur dit de ne pas écouter les conversations des grands, dans les regards complices qui les excluent. Ils ne savent pas vraiment ce qu'ils cherchent, alors ils inventent à partir d'indices, si minimes soient-ils, qui font office de machine à remonter le temps. Dans certaines familles, lorsqu'une honte est trop présente, on s'évertue à effacer les traces. On parle à voix basse, on se regarde entre adultes sans un mot, ou on dit sans détour : « Ça ne te regarde pas ! » Il arrive parfois que la tentative d'effacement se rapporte à une trace honteuse, dont les parents ne connaissent même plus le contenu ou de manière très vague. Ils ne disent rien, ils astiquent, comme la femme de Barbe bleue frotte la clé tachée de sang qui signe la faute. Tout doit être impeccable, aux yeux des autres. Le lieu de vie ressemble à une maison-témoin qui n'a jamais été et ne sera jamais habitée. Un lieu sans âme qui conviendrait à tous et peut faire figure d'idéal, qui n'engage pas. Un lieu neutre mais surtout fonctionnel, convenable, qui tend vers la perfection.

« Fonctionnel », le terme est récurrent aujourd'hui. Alors qu'il était associé aux objets jusqu'à la fin du siècle dernier, il s'applique assez facilement aux êtres humains depuis deux décennies. Le glissement n'a pas vraiment suscité de réactions dans les milieux professionnels. Le nombre de fonctionnaires diminue et on demande aux employés du privé d'être de plus en plus fonctionnels. Comme des humanoïdes, on a dépassé depuis longtemps le travail à la chaîne immortalisé par Charlie Chaplin dans *Les Temps modernes*. Les humains doivent améliorer leurs performances et être efficaces, dans une réactivité immédiate, qui ne laisse pas de place à la pensée ou aux affects. Clichés, pourra-t-on objecter. C'est faire peu de cas de ces patients qui, encore reliés à leurs émotions et tentant de résister à la pression ambiante, consultent les psychologues et déposent ainsi dans un lieu sûr leur douleur, mais aussi la créativité qu'ils retrouvent. Le cabinet du thérapeute est avant tout un lieu protégé, en dehors du monde réel, une « hétérotopie », dirait Michel Foucault : un lieu « autre » qui rappelle la cabane dans les bois, refuge des rêves enfantins. Winnicott l'affirmait : nous avons besoin d'espaces psychiques et culturels, « où mettre ce que nous trouvons ». Les nouvelles conceptions du travail aujourd'hui ne le permettent plus.

De meilleurs revenus financiers n'améliorent pas toujours la qualité de vie. Le rythme du temps libre ne diffère pas de celui du travail, toujours envahi par les

LE PASSÉ ÉLUDÉ : « OUBLIE ! »

urgences, vraies ou fausses. Les activités débordent les unes sur les autres. L'hyperactivité gagne les loisirs, les temps morts étant assimilés à du temps perdu. La famille non plus ne peut plus jouer son rôle sécurisant ; elle est même vécue comme une entrave à la liberté. Le temps passé à satisfaire la demande d'un de ses membres (le conjoint, le parent, l'enfant) est souvent vécu comme du temps pris sur le sien propre, une contrainte. Le temps devient un temps de l'individu ; chacun veut conserver son rythme, voire l'imposer à l'autre. On se croise, on gère, mais le plaisir du temps partagé, de l'« être ensemble », se mue en un investissement d'un temps a priori pour soi.

Dans le contexte culturel qui est le nôtre, le lien à l'autre, le « *care* » anglo-saxon, s'efface progressivement. La faute à qui ? À un idéal de « toujours plus », auquel il semble, pour beaucoup, inenvisageable de renoncer. Comment résister seul ? Mais surtout, comment protéger les enfants, qui se débrouillent comme ils peuvent avec ces demandes quotidiennes paradoxales – « Attends ! Dépêche-toi ! » – qui rendraient fous les plus solides des robots ? Le robot ne vit que des multitudes de présents ordonnés par la nécessité du moment et le but à atteindre. L'histoire des robots n'est que technique. La science-fiction leur attribue une pensée propre et même la capacité de se révolter, mais ce n'est là que fantasme de créateur, du moins jusqu'à présent. Les chercheurs font évoluer les robots, ils n'évoluent pas d'eux-mêmes dans les pas de leurs ancêtres. Ni en pour, ni en contre. Leur tâche consiste à obéir efficacement.

ATTENDS… DÉPÊCHE-TOI !

« Je n'en peux plus, madame, il est toujours à contretemps », s'exclame la maman d'Enzo, huit ans. « Je ne supporte plus d'être toujours obligée de lui dire d'attendre, quand il me sollicite alors que je suis occupée, ou de se dépêcher quand il faut faire ce dont il n'a pas envie. On dirait qu'il me teste ! » Enzo teste certainement quelque chose de l'ordre de la différence.

Il le dira très bien, au cours d'une séance : « Maman voudrait que je fasse tout comme elle. C'est le problème, j'en ai parlé avec mes copains. Ils disent que, chez eux, c'est pareil. Que les parents veulent qu'on fasse tout à la même vitesse qu'eux. La maîtresse aussi, des fois. Nous, on pense que les enfants n'ont pas le même rythme. Ils devraient le savoir. Je crois qu'ils ne se le rappellent plus. Moi, quand je serai grand, je m'en souviendrai. On n'est pas des robots ! »

Nous ne supportons plus l'humain que nous étions jusqu'à la postmodernité. Nous sommes entrés dans l'ère de la rupture et la technique tente de remplacer l'humain par un humanoïde sans histoire. Mais il restera toujours, que ce soit dans la fiction ou dans la vraie vie, des Noé qui sauvent les traces du passé antérieur qui survit dans le présent. Laissons les enfants les fouiller eux aussi et exercer leur imaginaire pour relier passé et futur. Donnons-leur des indices, laissons-les relever les empreintes qui disent qui est passé par là. En d'autres termes, répondons à leurs questions et ne les privons pas de leur capacité à se fabriquer une histoire comme on construit une cabane, où déposer des traces de soi.

Temps morts

« *Chemin faisant, le temps rencontre de l'indésirable.* »

André Green, *Le Temps éclaté*

Depuis trente ans, on nous dit que notre espérance de vie augmente d'un trimestre par an, ce qui n'est pas sans nous réjouir, surtout quand nous sommes jeunes et en bonne santé. Certains chercheurs affirment que l'être humain doit se préparer à vivre jusqu'à deux cents ans. Viserions-nous l'éternité ? Le déni de la mort donnerait-il l'illusion de retrouver la paradisiaque enfance, où nous ignorions que notre temps avait une fin ?

Il est toujours possible d'éloigner l'horizon d'une fin, il n'empêche que la relation à l'autre, et à son caractère incertain dans la durée, exige toujours une conscience du temps qui passe. Malgré nos efforts pour éviter d'y penser, nous nous savons éphémères. Le risque de la perte de l'autre imprègne en permanence nos relations.

Que nous dit la société, aujourd'hui ? Que la science et la technique nous rapprochent du paradis. Pas celui d'après la mort, mais celui qui fait de nous des êtres à l'image du divin, éternels et sans souffrances, jouissant d'une vie facile et évidente : plus besoin de se préoccuper de notre survie, de nos besoins, tout tomberait du ciel, à portée de main. Tiens, tiens ! La providence encore, retrouver la providence. Le bon sein de la maman à disposition lorsque le bébé a soif, en quelque sorte. Éviter la frustration à tout prix : promesse contenue dans le rêve capitaliste. On ne manquera plus de rien. L'abondance nous rendra le paradis perdu et la boucle sera bouclée...

Malgré tout l'espoir que nous y avons mis et l'accélération considérable de la productivité, il faut bien reconnaître que notre paradis terrestre semble s'éloigner de jour en jour. Rien ne tombe du ciel, et les enfants élevés dans l'esprit d'un « tout à portée de main » sont les plus touchés.

Quel rapport avec la mort et le temps ? Tout simplement celui de la contrainte, au sens d'une limite inéluctable. Dans la société postmoderne occidentale, la croyance en une vie après la mort a chuté avec la perte du religieux. Le temporel a pris le pas sur le spirituel, dont la réussite ne s'encombre plus et qui est plutôt perçu comme un frein à la satisfaction immédiate. L'action occupe tout le terrain. En voulant que l'enfant ait accès à tout au même rythme que l'adulte, nous avons établi avec lui un mode de relation qui nie son immaturité. Nous l'avons projeté dans un monde inquiétant comme sur une voie expresse, alors que c'est par les petites routes qu'il aurait pu faire les découvertes nécessaires au développement de son autonomie. Ce constat est certes simplificateur, mais la tendance est réelle et une nouvelle forme de souffrance apparaît chez les enfants qui consultent. Les parents, étonnés par leurs difficultés, voudraient comprendre comment leur enfant peut se plaindre alors qu'« il a tout, madame ! ».

LE PASSÉ ÉLUDÉ : « OUBLIE ! »

De quoi est fait ce « tout » ? D'objets matériels, de jouets, de vêtements de marque, de ce que l'enfant réclame (ou pourrait réclamer) et que ses parents ne peuvent lui refuser, puisque « vous savez comment ils sont, les enfants, maintenant ! ». Sont-ils donc si différents qu'avant ? N'est-ce pas plutôt les adultes qui se comportent différemment, depuis que la société de consommation semble ordonner qu'un désir doit être assouvi sans délai, sous peine de névrose ou de troubles du caractère ?

Guillaume est signalé par l'école comme un enfant qui a de mauvaises relations avec ses camarades, qui perturbe les cours et n'en fait qu'à sa tête. Mme M., sa mère, ne comprend pas. Il est gâté, elle fait tout ce qu'elle peut pour qu'il ne manque de rien. Elle est très disponible pour lui mais ne sait vraiment plus quoi faire. Elle raconte combien Guillaume est capricieux. Il veut qu'elle lui obéisse sinon il « pique des crises » qu'elle ne peut plus supporter, alors elle cède. Par ailleurs, elle dit combien Guillaume était un bébé comblant. Il faisait l'admiration de tous par son éveil. Il semblait tout comprendre. C'était le bébé idéal. Vers dix-huit mois, il a commencé à devenir difficile : elle s'est dit que ça passerait et qu'il avait du caractère. Elle l'emmenait partout et se pliait à ses désirs, pour qu'il ne dérange pas l'entourage. Et, de plus en plus, il a exigé tout de suite !

Mme M. décrit très bien comment elle est entrée dans l'engrenage infernal de l'enfant tyrannique. L'enfant éveillé correspond à l'enfant idéal, l'adulte en miniature avec qui on peut tout partager. On oublie alors que cet enfant est un être en construction et qu'il va utiliser les comportements conscients, mais aussi les motivations inconscientes de ses parents, pour se développer et construire son mode de relation à l'autre. Certains enfants résistent au mode de vie des parents qui ne leur correspond pas, parce qu'ils se sont construit un monde interne suffisamment stable pour « vivre leur vie ». Dans le cas de Guillaume, l'écart entre sa mère et lui est trop faible pour qu'il puisse s'en éloigner. Il la tyrannise afin de la maintenir sous sa coupe. Elle se prête inconsciemment à ce mode de relation, dit son impuissance, parce qu'elle-même ne peut pas se séparer de lui mentalement. Elle en fait dans le quotidien « son petit homme », comme elle dit, qu'elle veut combler.

« Sa majesté l'enfant » ne doit pas avoir à vivre ce que ses parents, et encore plus ses grands-parents, ont eu à subir : le manque dû à l'autre. On s'empresse de lui éviter les limites, les frustrations, les attentes. Mais pourquoi priver l'enfant de ce temps où il peut rêver, anticiper le plaisir à venir ? La satisfaction immédiate d'un désir occulte ce cheminement, cette expérience de variations affectives, les rencontres imprévues avec le bon et le moins bon qui donneront plus de valeur au but à atteindre.

Afin que la perte de l'être cher ne soit pas insurmontable plus tard, l'enfance doit être la période de l'apprentissage des petites pertes, des renoncements à la satisfaction immédiate. Ils permettent, sous le regard bienveillant des adultes, de se construire un « après » grâce à un « avant », que l'enfant oubliera certainement mais qui laissera des traces inconscientes de la richesse de l'expérience. Il n'y a rien de pire pour le psychisme humain que d'avoir l'impression de n'avoir existé que

LE PASSÉ ÉLUDÉ : « OUBLIE ! »

dans un monde conscient, où une chose n'est qu'une chose, les individus équivalant les uns aux autres, utiles ou pas. Si, il y a pire, peut-être : l'imprévisibilité d'une parole qui affirme tout et son contraire (« Attends ! Dépêche-toi ! »), en fonction de l'humeur de celui qui l'énonce. Non-sens auquel l'enfant est soumis dans les deux cas et qui entame sa capacité à se construire une réalité intérieure, un monde à soi auquel faire appel pour se réconforter tout seul en cas d'angoisse, d'éloignement ou de perte d'un être cher. L'enfant signale toujours son désarroi. Souvent, on appelle cela des troubles alors que ce ne sont que des symptômes. Ils appartiennent à plusieurs catégories :

– la précipitation, « cette urgence qui fait courir à sa propre perte pour ne pas être rattrapé et englouti par l'angoisse », comme le dit si bien André Green, avec toutes ses variantes (hyperactivité, agitation, violence) ;

– la compulsion, accompagnée en particulier de troubles obsessionnels ;

– la dépression, allant parfois jusqu'à la mélancolie.

Avec André Green, nous affirmons qu'« aucun de ces états psychiques ne laisse intact le temps du vivre », et encore qu'« il nous faut tenir compte du temps de l'autre ».

« Si l'objet naît dans l'absence, le temps naît dans l'attente ; ceci peut nous rendre agressifs, à n'en pas douter », nous dit Bernard Golse. Et ce, d'autant plus si l'absence et l'attente sont des régions longtemps inexplorées par l'enfant. Notre société de l'urgence ne permet pas aux adultes d'attendre, ni aux enfants, en écho, de vagabonder et de flâner selon leur rythme. Un rythme qui alternerait des « mouvements » quasi musicaux

ATTENDS... DÉPÊCHE-TOI !

traduisant les états affectifs. En présence des adultes, le tempo est trop rapide pour l'enfant mais, surtout, il ne comporte pas assez de pauses – les silences et les soupirs en musique –, qui lui sont nécessaires. Il n'est pas simple pour les parents de résister, avant tout parce que, bien souvent, entraînés par le flot de sollicitations, ils n'en ont pas conscience.

La conséquence la plus grave pour l'enfant, ses parents et les enseignants, est la perte du sens. Sans temporalité digne de ce nom, le sens se perd, l'agir prend le dessus avec les effets évoqués plus haut. Si les troubles de la temporalité sont plus importants aujourd'hui, c'est que l'enfant interagit avec un environnement qui suit le même modèle. Je m'explique : avoir en tête l'efficacité, la rapidité et le « toujours plus, toujours mieux » ne laisse pas beaucoup de place à la découverte de l'enfant singulier à qui l'adulte s'adresse, et inversement. Auparavant – cela paraît si loin déjà –, la proximité des grands-parents, d'autres membres de la famille mais aussi les sollicitations extérieures moins nombreuses (loisirs, médias, Internet…) apportaient des variations de rythmes et de points de vue qui modulaient le rapport au temps. L'âge, la disponibilité, la fonction de l'interlocuteur étaient peut-être plus clairs, plus facilement repérables, ce qui facilitait l'échange. Actuellement, surtout en zone urbaine, le stress touche toutes les catégories humaines et conditionne la manière d'être avec autrui. Les enfants sont les premiers à en subir les conséquences.

Toutefois, un secteur semble pouvoir être préservé : celui du jeu. Cette réflexion m'est venue après avoir entendu plusieurs parents d'enfants catalogués « caractériels », voire violents en classe maternelle, constater qu'ils

LE PASSÉ ÉLUDÉ : « OUBLIE ! »

ne posaient aucun problème lors de la garderie après l'école. La situation périscolaire, qui laisse un temps de libre choix dans un cadre donné, rétablit l'espace-temps nécessaire pour se penser dans la durée. Le rythme interne de l'enfant est respecté (la concentration est moins soutenue), en lien avec celui du corps qui n'est pas soumis à des normes trop éloignées des besoins physiologiques. L'impulsivité laisse la place à l'investissement et la relation aux autres membres du groupe (adultes et enfants) est plus sereine. Les belles choses qui se vivent à ce moment-là pourront souvent rester de bons souvenirs et servir de modèle pour des expériences futures. Les traces auront laissé une empreinte qu'il s'agira de ne pas effacer.

Les réformes du rythme scolaire, même avec la meilleure volonté, ne pourront pas avoir l'effet attendu si elles sont faites dans la précipitation, sans réflexion sur le cadre et le contenu. C'est en début et non en milieu d'après-midi qu'il faudrait placer ces activités qui réclament moins de concentration et favorisent la créativité. Le début d'après-midi est le moment où les enfants sont les plus disponibles pour des activités intellectuelles, tous les chronobiologistes en conviennent. À qui profite donc une réforme faite dans l'urgence et qui impose d'organiser à la hâte des ateliers trop courts et frustrants ?

Se souvenir des belles choses :
le paradis perdu

> « *C'est avec une sorte de crainte que je touche à l'énigme de mes impressions du commencement de la vie – incertain si bien réellement je les éprouvais moi-même ou si plutôt elles n'étaient pas des ressouvenirs mystérieusement transmis...* »
>
> Pierre Loti, *Le Roman d'un enfant*

« Je vais me dépêcher d'oublier pour ne pas souffrir, pour ne pas perdre ces bons moments que je viens de vivre. » Ce sont les paroles d'une petite fille de neuf ans, Anna, angoissée à l'idée de ne pas pouvoir retrouver par le souvenir les émotions ressenties lors d'une semaine de vacances particulièrement heureuse.

Oublier pour ne pas perdre... La méthode est certainement efficace, mais ce serait dommage de trouver là, à neuf ans, le seul moyen d'éviter de souffrir de retrouvailles impossibles avec son passé. Anna veut éviter la représentation (la remémoration), qui l'obligerait à composer avec la perte de cette expérience source de plaisir. Elle sait qu'elle ne pourra ni répéter ni faire perdurer ces moments de bonheur. La réalité s'impose à elle

LE PASSÉ ÉLUDÉ : « OUBLIE ! »

avec violence : les vacances sont terminées. Déjà, la veille, elle avait dû se rendre à l'évidence : demain serait le dernier jour. Mais, à présent, tout est derrière elle. Devant est vide et le sera plus encore si elle en extrait le souvenir. L'entre-deux est angoissant. Elle veut se faire violence (oublier) pour ne pas souffrir. Elle évite même de dormir : trop risqué, elle pourrait perdre le contrôle... Lutter pour terrasser le souvenir est le seul outil dont elle dispose.

Anna se concentre sur les apprentissages pour oublier l'essentiel : les émotions procurées par les belles choses qui ont été et ne sont plus. Anna est brillante intellectuellement, mais, pour l'instant, c'est une autre partie de son psychisme qui tente de traiter la douleur de la perte. Heureusement, sa capacité à penser va l'aider, dans le travail thérapeutique, à trouver des solutions de dégagement moins coûteuses en énergie psychique et plus valorisantes pour son estime d'elle-même.

Anna est un exemple parmi d'autres de patients, y compris adultes, qui utilisent ce mode de fonctionnement et en font les frais. Car il ne faut pas croire que ce stratagème s'active sans effort. Si la remémoration agite parfois l'angoisse du paradis perdu, la contention du souvenir mobilise une vigilance (même inconsciente) qui encombre la pensée et ne lui permet pas de s'associer à la rêverie.

Anna dessine. En dessinant, elle raconte, allant jusqu'à construire des bandes dessinées où les personnages se parlent. Elle sait visiblement où elle va. Il arrive même qu'elle délimite un nombre de cases avant de commencer à tracer l'histoire, pour être sûre. La maîtrise, elle connaît ! Elle a été diagnostiquée comme « surdouée ».

Disons qu'elle est précoce intellectuellement. Mais, sur le plan affectif, elle résiste, freine, veut conserver les bénéfices d'avant. Sa lucidité et sa curiosité la font aller de l'avant (se dépêcher), mais les bénéfices de la dépendance affective la poussent à restreindre ce développement-là (attendre). L'imprévu est toujours problématique. Elle a besoin de se représenter, d'anticiper l'avenir, de s'y préparer, de faire durer le « temps d'avant », celui où elle ne pense pas à « l'après » irreprésentable.

Le cadre de la thérapie lui donne la possibilité d'évoquer des souvenirs qui ne s'envoleront pas. Elle les dépose là, laisse des traces et les retrouvera, si besoin, la semaine suivante. Je suis garante de ses réminiscences. Je lui offre les miennes comme appui. Nous pouvons partager, échanger. En s'appuyant sur ce cadre, Anna construit sa propre « série historique », telle que définie par le psychanalyste Christopher Bollas : « Un espace contenant au sein de la mémoire, qui conserve le sentiment qu'un enfant a d'être lui-même à un moment donné dans son monde. » Le fameux espace où déposer ses objets (psychiques) de Winnicott. Cette conservation met en relation les « réalités émotionnelles d'une époque donnée et sert en partie de contenant au travail d'élaboration ultérieur », confirme Bernard Golse. Ainsi, « le présent dépend du passé mais le présent réorganise le passé ».

Avec Anna, nous réorganisons. Elle se familiarise avec l'absence, tisse les fils de la permanence. La perte catastrophique qui la mettait dans un état de chagrin ou de rage incontrôlable s'estompe. Anna a apprivoisé le manque en utilisant ses ressources créatives pour combattre une supposée fatalité de la douleur. L'avenir prend sens autrement qu'en termes de répétition d'un passé à renouveler, autrement qu'en termes de certitude. Elle peut risquer le futur, ce n'est plus le négatif du passé.

Marcel Proust et Pierre Loti comptent parmi les auteurs pour qui l'enfance est à la racine de l'œuvre. Jean-Paul Sartre, dans *Les Mots*, et Romain Gary, dans *La Promesse de l'aube*, ont eux aussi fait un vrai travail de reconstruction de leur enfance, comme source de leur désir d'écrire. Les souvenirs se sont métamorphosés après coup et sont à l'origine d'une œuvre qui nous donne les indices d'une vocation précoce à conjuguer réalité et fiction.

Dans *Le Roman d'un enfant* et *Prime jeunesse*, Pierre Loti décrit à merveille comment les souvenirs des lieux, des personnes et des ressentis se conservent et se mêlent ensuite dans la narration, à l'âge adulte, à travers une organisation temporelle n'ayant que peu de rapports avec la logique ou l'enchaînement réel des événements : « Noter, sans suite ni transition, des instants qui m'ont frappé d'une étrange manière », dit-il. Les souvenirs reviennent par association d'idées et le petit Julien Viaud, devenu auteur, se métamorphose en un autre lui-même qu'il nomme Pierre Loti, son pseudonyme d'écrivain.

Le changement de patronyme n'est pas qu'un caprice narcissique. C'est une protection qui libère de la mélancolie inhibant la créativité : enfant, Loti utilise sa créativité dans des rêveries à réaliser. Il est très entouré par sa famille, mais le roman dévoile aussi combien perdre, se séparer, s'éloigner est douloureux pour lui. On le voit affligé par les événements familiaux qui ébranlent son monde intérieur. Toutefois, grâce à l'amour qu'on lui porte et à ce qu'on attend de lui en le promettant à un avenir brillant, il réussit à trouver une parade à la mélancolie en se dédoublant sans couper les liens avec son passé. La vie de Julien Viaud, officier de marine courant le monde à la recherche de « la femme », et celle de Pierre Loti, son double intérieur dans *Le Roman d'un enfant*, se conjuguent pour n'en faire qu'une : celle de l'écrivain. À l'origine, la quête de la mère tant aimée et dont le deuil restera si douloureux.

Cette « recherche », traitée par Proust de façon bien différente, explore le lien fusionnel à la mère qui perdure pour devenir fondement de l'œuvre. Sublimation d'une relation qui, chez d'autres, n'aura pas la possibilité de s'épanouir, les mots n'ayant pu supplanter l'absence pendant l'enfance. Le langage (on le dit maternel !) associé aux représentations et aux fantasmes est le ferment de la remémoration, le remède à la douleur de l'éloignement dans l'espace et le temps, permettant de fixer ou de rattraper ce qui échappe.

Charlie a onze ans et est en classe de CM2. Il rencontre des difficultés scolaires depuis le CP : expression orale, expression écrite, compréhension des consignes, échanges verbaux. C'est un enfant anxieux qui manque de confiance en lui. Faire un récit organisé dans le temps lui est très difficile, comme le montre le texte ci-dessous.

Bien qu'il puisse organiser les événements dans leur succession, les erreurs de conjugaison viennent signifier combien son rapport au temps vécu est confus. La succession des « après », pour raconter la journée, montre

LE PASSÉ ÉLUDÉ : « OUBLIE ! »

bien l'effort de remémoration dans l'ordre des événements. Les liens faits de ressentis, de sentiments personnels, sont absents du texte. Le « faire » prend toute la place, bien qu'il y ait deux légères expressions d'affects (*suspense* et *cool*) lors des activités avec les parents. Charlie ne s'approprie pas les événements, ce que traduit le côté catalogue du récit de sa journée.

La légère nuance apportée aux deux moments de la journée avec les parents montre combien le climat affectif est important pour fixer le souvenir d'un vécu singulier. Avec l'évolution de son autonomie, Charlie va s'emparer de ses propres expériences, en garder des représentations mentales accessibles, des souvenirs dont le récit sera partageable avec d'autres qui n'y prenaient pas part. Par la suite, il pourra faire le lien entre plusieurs événements similaires, y faire référence pour en imaginer d'autres. Il pourra ainsi utiliser une pensée autonome et l'angoisse phobique s'atténuera au profit d'un désir de se débrouiller seul.

Le texte de Charlie :

SAMEDI 30 NOVEMBRE 2013

Aujourd'hui je me suis levé à 8 h 30.
Après j'ai regardé la télé pendant une petite heure
Après je suis aller manger le petit-déjeuner et j'ai manger deux pain et une brioche avec du lait bien sur et des trésor des céréales.
Après nous allons jouer aux mille bornes qui va gagner suspens.
Et c'est Clarisse 1-0-0 !
Et c'est moi 1-1-0 !
Et c'est papa 1-1-1 !
Et c'est papa 2-1-1 c'est papa qui a gagner !
Après nous allons jouer au labyrinthe qui va gagner suspens.

ATTENDS… DÉPÊCHE-TOI !

Carte trouver
Charlie : 1 2 2 3 4 4 4 4 5 6 6 7 8 (2er)
Papa : 0 0 1 2 3 4 4 5 6 6 6 7 8 (1er)
Clarisse : 0 0 0 1 2 3 3 3 3 3 4 5 6 (3er)
Et c'est papa qui a gagné !
Après nous avions fait des chatouilles.
Après nous nous sommes habillez et brosser les dent.
Après nous avons mètre la table et nous allons manger des macro avec du riz et des chips.
Après nous avons débarrassé la table.
Après maman et papa sont t'aller courue et nous nous avons le vélo et nous avons parcourue
9 km et nous avons fais ça pendant une heure et c'était trop cool !
Après papa et partie et nous somme que nous 3
Après nous avons fait les devoir et après nous avons fait de la wii 30 mn et pareille pour ma sœur.
Après nous nous sommes habillé en pyjama
Après nous avons mangé du riz et des carottes plus des courgettes et des saucisses et des pattes.
Après nous nous somme laver les dents
Après nous allons dormir
ET VOILÀ !

Le nouveau défi : maîtriser le temps

> « [...] cette indestructibilité du désir qui jette un défi aux contraintes exercées par le temps. »
>
> André Green, *Le Temps éclaté*

Certes, il y a la mort. La « Faucheuse » a toujours fait partie de la vie, comme une certitude. Mais il y avait la croyance en une vie après la mort, une vie meilleure. À présent, il s'agirait plutôt de trouver le moyen de mettre la mort de côté. De faire en sorte que la fin n'existe plus.

Lorsque j'étais enfant, le mot « FIN » était écrit à la fin d'un film ou d'un livre. Étions-nous si stupides que nous aurions pu rester assis à attendre la suite ? Non, bien sûr ; le mot « FIN » indiquait le passage d'un espace-temps à un autre. Ce terme (dans les deux sens du mot) signifiait qu'on allait sortir d'un monde, celui de la fiction, pour revenir sagement, ou pas, dans la réalité tangible de la vraie vie, comme on rentre à la maison après une journée sous les arbres aux beaux jours. Changement de lieu, changement de rythme, changement de perspective : on n'est pas forcément heureux de retrouver le temps des horloges, mais on l'acceptera plus facilement si l'on sait que l'on peut s'en extraire grâce à l'imagination. La confiance dans le temps nécessite en effet d'avoir expérimenté la possibilité de s'en affranchir en éprouvant le « temps sensible » (Julia Kristeva). La discontinuité temporelle, avec une certaine variabilité des états affectifs qui n'entame pas la permanence identitaire, renforce la projection de soi dans un avenir confiant bien qu'inconnu. Cela permet d'enchaîner les trois temps (passé, présent et futur), articulés avec celui de l'imaginaire qui nécessite l'absence.

Que se passe-t-il aujourd'hui, dans nos sociétés où la tentation d'éradiquer le manque est si forte ? À quoi exposons-nous nos enfants en leur laissant croire que « tout avoir » rend heureux ? Nous ne voulons pas qu'ils « manquent » de quoi que ce soit : c'est pourtant ce manque qui fut le moteur de notre désir d'aller de l'avant dans la vie. De quoi est donc fait cet amour qui veut que plus rien ne bouge, que tout reste en place, comme prévu par les parents ? L'enfant imaginaire et l'enfant réel confondus, plus rien ne se passe du côté de l'existence. Pinocchio redevient la marionnette idéalisée mais statique. Toujours le même, assis sur l'établi. Pourquoi avons-nous tellement peur de l'imprévisibilité de nos enfants ? Craignons-nous qu'ils nous dépassent, ou transforment sans nous ce que nous leur avons transmis ? « Mieux vaut tenir que courir », dit le dicton. Comment pouvons-nous répéter cela sans nous rendre compte que c'est une vie étriquée que nous leur proposons alors ? Maîtriser le temps, ne pas l'user, l'économiser, ne vivre que le présent, voilà ce que contient cette formule. « Souffler n'est pas jouer », dit-on au jeu de dames à celui qui n'a pas avancé son pion. C'est celui qui bouge,

LE PASSÉ ÉLUDÉ : « OUBLIE ! »

qui avance, qui prend des risques qui a des chances de gagner. En arrivant de l'autre côté du damier, il aura parcouru un chemin gagnant, porté par son désir, en en connaissant les éventuels obstacles.

Maîtriser le temps n'est certainement pas vouloir tout conserver en l'état, dans un présent permanent. Ce serait plutôt être capable d'attendre quelque chose. Ceux qui évitent le mouvement pour se faire croire que le temps ne passe pas s'étiolent sans projets. Ils sont à l'image de Bartleby, le héros de Melville qui « préférerait ne pas... », qui fuit toute action et finit par en mourir. Nier le passage du temps par la restriction du désir et l'évitement de l'engagement personnel n'est certainement pas la solution.

Les enfants qui vivent dans ce type de climat précautionneux sont anxieux, émotionnellement fragiles et inhibés face aux autres. La phobie des autres sous diverses formes (claustrophobie, agoraphobie ou phobie scolaire) nuit à leurs relations et à leur épanouissement : hors de la maison, la solitude est profonde et le rejet des autres, pleins de vie, guette. L'impossibilité d'élaborer mentalement ce qui se passe sans être pris dans un conflit de loyauté vis-à-vis des parents conduit ces enfants à des symptômes somatiques qui ne font que renforcer la crainte d'une mort imminente.

Théo est décrit par ses professeurs comme un enfant très sage, trop sage. Lorsque je le rencontre, il est très « contrôlé ». Il a treize ans. N'a pas d'amis. Trouve que ses camarades de classe font trop de bêtises, se comportent mal avec les professeurs. Il tient un discours que je trouve un peu plaqué, comme s'il me récitait un guide de bonne conduite. Ses parents sont fiers de lui. C'est un enfant idéal. Il est l'enfant unique du couple. Il a cependant des demi-frères du premier mariage du père. Ceux-ci ont été très difficiles à l'adolescence (l'âge de Théo). Les parents n'en cachent rien et y font même souvent référence, d'après Théo.

La consultation fait suite à une subite difficulté à marcher. Théo ne peut plus se rendre au collège, il tombe dès qu'il met un pied par terre. Aucune cause physiologique n'a été décelée. Le médecin pense que la raison est psychologique.

Le travail avec Théo va faire disparaître rapidement le symptôme. Cependant, nous continuerons les séances pour approfondir les motivations inconscientes de cette impossibilité de mouvement. L'apparition de la « paralysie » était concomitante de l'hospitalisation d'un grand-père impotent. Mais ce qui condamnait Théo à l'immobilisme était ailleurs : les représentations idéalisées des parents, leur vécu avec des aînés difficiles au même âge, la difficulté à s'autoriser un désir différent de celui des parents dans ce contexte, sans risquer de les faire souffrir.

Ne plus bouger, ne plus avancer pour ne pas faire mal. Théo m'avouera sa culpabilité d'avoir transgressé l'autorité parentale la veille de sa « paralysie » (il avait raté son bus et était rentré à pied). La dimension symbolique de son symptôme lui devint évidente. Le travail familial mis en place par la suite a permis à chacun de se débarrasser des entraves à ses désirs propres.

Le jeune enfant insouciant se moque du temps. Pour lui, la simultanéité l'emporte : « Quand je serai grand, je

LE PASSÉ ÉLUDÉ : « OUBLIE ! »

me marierai avec maman » annonce bien l'amorce d'une représentation d'un temps différé, d'une attente qui donne priorité à l'imagination, mais n'envisage pas l'impossible de son souhait, l'écart d'âge qui se maintiendra. Il le rattrapera. C'est l'époque des cauchemars œdipiens, du désir d'évincer le parent du même sexe, mais la transformation, le « devenir grand » est en marge du reste du temps, il ne concerne que sa personne. Le temps des autres demeure immuable. Petit à petit, l'enfant va apprendre l'écart. Avec les signes du temps, ceux qui marquent le corps, avec les anniversaires qui augmentent le nombre des années pour les parents et les enfants sans réduire la différence.

L'écart est immuable, quoi que l'on fasse. Parents et enfants ne peuvent appartenir à la même génération. On peut seulement faire semblant : jouer en équipe, avoir une relation de copains, ou même, dramatiquement, une relation incestuelle. Jamais, en réalité, cette différence ne sera abolie. Les parents sont détenteurs de son maintien. C'est par leur attitude et leur conviction de la nécessité de cet écart qu'ils transmettent à leurs enfants le désir de grandir. Par l'autorité bienveillante qu'ils exercent, l'enfant est conforté dans son idée de tenter de nouvelles expériences et de se séparer psychiquement de ses parents. La relation doit être asymétrique.

Il m'arrive de plus en plus souvent de voir des fillettes dont le comportement, l'habillement et les propos évoquent ce que l'on appelle des « Lolita » depuis le roman de Nabokov. Ces adultes en miniature inspirent un malaise. Les parents érotisent un corps prépubère, confondant les registres d'amour. Ils dénient la différence des générations. Les mères font de leurs filles des prolongements d'elles-mêmes et les pères, des « Peau d'âne ». Ils dénient même leur qualité d'enfants en développement en les réduisant à l'état de « poupées Barbie », d'objets narcissiques, d'excitation, de provocation, d'envie sexuelle. Confusion des registres, confusion des temps, incapacité parentale à laisser le temps de l'enfance faire son lent travail de maturation. C'est à une effraction dont il n'a pas conscience que l'enfant est soumis. Un travail de sape de sa construction psychique, pervers.

Plus couramment, faire comme si l'écoulement du temps n'existait pas vraiment, comme si les promesses pouvaient ne pas être tenues, décider du temps partagé de façon unilatérale conduit à détester le temps de l'autre. Dire que l'on ira au zoo ou au cinéma « une autre fois » (« puisqu'on a tout le temps ! ») conduit l'enfant à ne plus avoir confiance en la parole prometteuse. L'avenir n'étant jamais certain, il demande plus ou se donne lui-même l'autorisation, discréditant l'autorité parentale. Il tend à imiter ses parents, n'écoutant que lui-même.

Les effets se manifestent à l'insu même des protagonistes. Pour les analyser, encore faudrait-il prendre le temps de penser. Or, les parents de la société du « toujours plus » sont peu disposés à réfléchir aux implications de leurs actes. Ils sont pris dans une fuite en avant vers un supposé bien-être à portée de main. Mais la main est toujours légèrement trop loin du but... Il faut « toujours plus » d'efforts stratégiques pour acquérir ce bien-être. La négation du temps, l'interdit des temps morts, l'action (ou plutôt l'agitation) font partie de ces stratégies pour conserver l'illusion d'un résultat très proche dans un présent court et instable. Le cap d'un projet est

LE PASSÉ ÉLUDÉ : « OUBLIE ! »

difficile à maintenir. Le « on verra » remplace la décision, laissant l'enfant perplexe face à cette nébuleuse « à voir » et qu'on ne voit jamais. La confiance ne règne plus. Très vite, l'enfant comprend que ce n'est pas la peine de rêver à une sortie qui a bien des chances de se voir annulée. Il n'y croit plus et se réfugie dans ce qui est certain, le « faire ».

Kevin est scolarisé en CE2 lorsque je le rencontre. Ses parents le décrivent comme un enfant très angoissé, qui pleurait beaucoup et dormait peu lorsqu'il était bébé. Il est en difficulté d'apprentissage depuis le CP et passe de justesse dans la classe supérieure. Il semble qu'il ait des difficultés de concentration à l'école mais pas dans son activité sportive, qui tient très à cœur à son père. Cependant, il abandonne fréquemment, fait des malaises lorsqu'il est en finale, par exemple. Il dit lui-même qu'il ne supporte pas de risquer de se tromper, de ne pas réussir, ce qui entraînerait inévitablement une sanction.

Chez lui, il n'arrive pas à jouer seul. Il a besoin du regard de l'adulte, même dans cette activité. Il ne sait pas si ce qu'il fait est bien ou non. Il lui arrive de désobéir mais se fait toujours prendre. Les punitions sont sévères. Et les récompenses ? « Parfois, il y en a. Mais surtout, ils disent quelque chose qui n'arrive jamais. Ils promettent qu'on va aller quelque part, mais on n'y va pas parce que papa ou maman est fatigué ou bien parce que ma sœur ou moi, on a fait une bêtise ou on a eu une mauvaise note. Ils disent qu'on ne respecte pas les règles qui sont affichées sur le frigo, mais eux, ils ne font pas ce qu'ils disent et ça aussi, ce n'est pas respecter la règle ! Je n'ai pas confiance, je ne les crois plus. »

De fait, Kevin n'a pas confiance. Ni en lui, ni en qui que ce soit. Il triche aux jeux de société, car il est certain que son adversaire va tricher. En séance, il tente de modifier les règles que nous fixons ensemble. Il faudra beaucoup de temps et de travail avec Kevin, mais aussi avec ses parents, pour que cette confiance revienne. Ses notes et son comportement en classe s'amélioreront avec la sécurité apportée par l'application des règles énoncées par les parents, des limites claires et l'engagement qu'elles impliquent de part et d'autre.

L'éducation ne se fait ni dans la maîtrise ni dans la négation du temps nécessaire au développement de l'enfant. On ne peut éduquer qu'en concevant la durée, c'est-à-dire la répétition, l'attente et l'engagement qu'implique la responsabilité d'élever et d'éduquer un enfant. Si, par ailleurs, les parents ne fournissent pas l'exemple du rythme de vie qu'ils proposent à leurs enfants, c'est comme s'ils disaient : « Fais ce que je te dis, mais ne fais pas ce que je fais », formule qui ne porte jamais ses fruits. La parole non tenue est sujette à la désobéissance. Les enfants ont besoin de modèles d'identification fiables pour se développer correctement. Des modèles qui leur donnent la sécurité personnelle pour avancer à leur rythme, en se référant à ceux qui les ont précédés, aussi bien dans leur histoire propre, dont ils n'ont pas souvenir, que dans l'histoire familiale dont ils sont issus et dans laquelle une place leur est réservée. « Le mal, c'est le rythme des autres », disait Henri Michaux, formule que Cervantès aurait pu faire prononcer à Don Quichotte et qui résume bien la difficulté de vivre avec autrui, cela participant des « maux du siècle ».

LE PASSÉ ÉLUDÉ : « OUBLIE ! »

Les parents, eux, sont soumis à des emplois du temps extrêmement variés suivant les catégories socioprofessionnelles, mais aussi au sein même de ces catégories. Plusieurs raisons à cela : la pression venue de la hiérarchie, de la concurrence (réelle ou imaginaire), de la performance demandée. Sur un autre plan, la forme et le lieu de travail influencent fortement l'organisation de la vie professionnelle, le télétravail étant le plus difficile à gérer en raison de la confusion des espaces et des temps privés et professionnels. Les enfants sont alors soumis à un empiètement du temps relationnel avec leurs parents sur le temps de travail, qui a par ailleurs tendance à envahir la sphère familiale, par la présence constante de l'ordinateur dans le champ du parental. Lorsqu'on sait que, de plus en plus tôt, l'écran sous toutes ses formes devient le compagnon de jeu de l'enfant, on imagine aisément comment il peut se transformer en « collègue de travail » envahissant des parents... Alors chacun fonctionne à son rythme, l'un à côté de l'autre, et, tant que personne ne se parle, l'illusion du calme et du bien-être règne à la maison. Pourtant, il faudra bien que cela s'arrête, ne serait-ce que pour les repas, et l'ambiance deviendra certainement moins sereine.

Je brosse ici un tableau qui peut paraître caricatural, j'en conviens, mais il reflète ce que je peux entendre lors de consultations d'enfants dont les parents se plaignent de leur refus de se plier aux règles qu'ils tentent de leur inculquer. L'excitation règne à la maison dès que les écrans sont éteints, disent-ils. La rupture avec une activité longue sur écran, qui modifie la notion du temps, replace brutalement l'enfant dans une réalité externe. Cette réalité réclame la prise en compte de l'autre, de sa demande, et met à l'épreuve les digues qui maintenaient un pseudo-calme intérieur. L'excitation peut être très forte, et les parents si déconcertés qu'ils ne parviennent plus à jouer leur rôle de « pare-excitation ». Cela sera d'autant plus difficile que les frontières parents/enfants sont mal affirmées, et les limites non repérables.

Le mot « FIN » avait du bon : à la dernière page d'un livre ou au cinéma, il faisait partie de la convention. Le mot avait du sens : il marquait la limite de la fiction, limite à partir de laquelle les conversations pouvaient reprendre. Retour à « la vraie vie ». La parenthèse du film se refermait : le mot sur l'écran le signifiait, pour tous. Les spectateurs redevenaient acteurs de la vie courante, transformés « pour de vrai ». On peut regretter que le cinéma soit entré à la maison… sans fin.

TROISIÈME PARTIE

LE PRÉSENT COMPULSIF :
« DÉPÊCHE-TOI ! »

Les pieds dans le vide :
pas d'héritage, pas de dette ?

« *Notre héritage n'est précédé d'aucun testament.* »

René Char, *Feuillets d'Hypnos*

Comment « se mouvoir dans la brèche entre passé et futur » ? se demandait la philosophe Hannah Arendt, après la Seconde Guerre mondiale. Comment penser des actes qui ont été insuffisamment pensés par ceux qui les ont commis ou en ont fait l'expérience ? « Renoncer à penser, c'est renoncer à être un homme », dit-elle encore. Le danger est aujourd'hui réel de voir la pensée déserter le domaine de l'éducation sans qu'on n'y prenne garde. Reste pourtant cette brèche, cette possibilité d'une crise (au sens de « moment décisif ») ; la « brisure d'un temps privé de tradition », selon l'expression de Myriam Revault d'Allonnes, qui, en tant que rupture, permet de « refigurer le temps » et de créer de l'inattendu.

Chaque crise est l'occasion de remaniements, d'inventivité pour en sortir, à condition de ne pas la fuir mais de lui donner du sens au regard du passé, en le questionnant. La crise a pour vocation de se situer « entre » : entre deux périodes, entre deux êtres, entre deux groupes. Si elle dure, « la crise sans fin » (Myriam Revault d'Allonnes) devient un temps d'un nouveau genre qui met en cause le passé sans trouver de perspective nouvelle. En d'autres termes, un temps en panne d'avenir. Tocqueville, au XIXe siècle, écrivait déjà : « Le passé n'éclairant plus l'avenir, l'esprit marche dans les ténèbres. » Depuis que la modernité, avec Francis Bacon au début du XVIIe siècle, a rivé le regard des hommes au progrès comme source d'un bonheur croissant, le rapport au passé et à la continuité temporelle n'a cessé de se modifier. Avec, pour corollaire, un déplacement de la transmission dans la sphère du savoir et du faire plutôt que dans celle du savoir-faire. La différence est de taille : le médiateur auquel s'identifier, celui qui donne envie, n'est plus nécessaire ; il devient même inutile, selon certains.

Or, le savoir ne suffit pas à la transmission et n'en est peut-être pas l'objet essentiel. À l'heure actuelle, le contenu du savoir peut même être trouvé ailleurs que dans les paroles d'un parent ou d'un maître. Certains parents critiquent ainsi les enseignants en soulignant que leurs enfants apprennent autant, si ce n'est plus qu'à l'école, en regardant la télé ou en surfant sur Internet. C'est sans doute vrai, quantitativement. Mais les écrans ne remplacent pas la relation directe entre celui qui transmet et l'enfant qui reçoit. L'information a remplacé le don. Or, ce qui prime, dans la transmission, c'est l'intention de transmettre à l'autre. L'éducateur ou le parent « transmet la transmission », selon les termes de Bernard Golse, ce que ne fait aucun outil, aussi

LE PRÉSENT COMPULSIF : « DÉPÊCHE-TOI ! »

perfectionné soit-il. La différence est le lien qui unit deux êtres, l'un sachant, l'autre apprenant, dans une relation où l'un a l'intention de donner et l'autre de recevoir.

On peut enseigner de différentes façons : bienveillante, autoritaire... Ce mode de relation va amener l'apprenant à s'identifier ou se contre-identifier à celui qui a transmis, c'est-à-dire qui a mis du désir (au sens large) dans sa manière de faire. L'affect est le liant de l'apprentissage. Si celui qui transmet est un être cher, l'influence identificatoire sera d'autant plus grande et le contenu du message prendra de l'importance. Il influencera le comportement ultérieur de celui qui apprend. Nous avons tous connu des enseignants qui nous ont donné envie d'apprendre et d'autres qui nous auraient dégoûtés d'aller à l'école si les premiers n'avaient pas été là pour compenser. L'enseignant qui respecte l'enfant, qui ne le prend pas pour un adulte miniature, est celui qui tient compte de la réalité de l'élève, du niveau attendu à son âge mais aussi des variations possibles entre les sous-groupes ou les individus.

On a coutume de dire aux enfants : « C'est pour toi que tu travailles, pour ton avenir ! » C'est bien mal connaître le fonctionnement de l'enfant avant l'adolescence. Pour lui, l'avenir c'est maintenant, et le discours sur le futur, sur le niveau de vie médiocre qui l'attend s'il travaille mal, est menaçant. Le bénéfice à venir est très proche. Il se rapporte plus aux récompenses que l'enfant souhaite obtenir maintenant qu'à la maison ou la voiture qu'il pourrait avoir dans vingt ans. Toutes les « grandes personnes » ont fonctionné ainsi, même si « peu d'entre elles s'en souviennent », pour citer Saint-Exupéry. Le refoulement, armé de sa dose d'amnésie, joue son rôle, et le « retour en enfance », le souvenir de soi petit, réclame du temps et du travail. Un retour qui dérange, quand il n'est pas jugé aussi inutile que le jeu ! « Tout ça, c'est du passé, on a passé l'âge ! »

Qu'est-ce qui conduit ces « grandes personnes » à soustraire leur état d'enfant de leur vie d'adulte ? Ce faisant, ils se comportent comme si leur vie actuelle n'avait rien de commun avec leur enfance, sans continuité. Comme si la vraie vie commençait avec la conscience des choses sérieuses (avoir les pieds sur terre !). Pendant que les adultes exercent des responsabilités dans ce monde qualifié de sérieux, les enfants doivent pouvoir être les destinataires d'un message : « Voici notre monde » (Hannah Arendt), celui dans lequel vous êtes nouveaux venus et dont vous serez vous aussi responsables plus tard. La responsabilité, ce sera la dette de la génération suivante. Message d'autant plus cohérent que la capacité de jugement des enfants aura été développée par les questionnements sur le passé et l'évolution du monde, et que l'accompagnement des adultes aura donné envie de poursuivre leur réflexion et d'œuvrer en fonction d'elle.

Chacun a droit à ses réponses en fonction de sa propre histoire familiale. L'important ne réside pas tant dans la réponse que dans le fait de questionner le contenu de la question, puis de questionner la réponse, de la penser. Ainsi seulement la pensée a-t-elle des chances d'être aboutie, renforçant le sentiment d'être au monde et en vie. La conjugaison du passé antérieur des adultes avec le futur antérieur des enfants est le socle du futur intérieur, de la continuité sans rupture. Telle est la condition pour ne pas avoir les pieds dans le vide.

Apprendre à lire est une découverte merveilleuse. L'enfant qui a envie d'apprendre à lire sait bien que cela sera irréversible. L'envie vient facilement à ceux à qui on a fait miroiter le nouveau pouvoir que cela leur donnera. Pas d'autonomie sans lecture. Certains enfants n'ont pas eu ce préalable. La lecture peut devenir une contrainte, une obligation qui n'a pas acquis son sens. Ce ne sera pas facile. Les sons devront être appris et combinés et il y aura même des exceptions. Toujours des nouveautés, des imprévus, des pièges. Une aventure formidable ou un chemin de croix, c'est selon.

Mme C. apprend à lire aux enfants de CP d'une petite ville de province. Beaucoup d'enfants du quartier où elle enseigne viennent de milieux socioculturels qu'on dit défavorisés. Pourtant, en fin d'année, tous ses élèves sauront lire, avec la conscience de ce qu'ils lisent. Pas seulement déchiffrer. Comment Mme C. fait-elle pour réussir là où les statistiques la donnent perdante ? Elle commence l'année en flânant dans l'écrit. On va voir les affichages des rues, on raconte des histoires sans images, on joue aux devinettes... On va au musée et on invente des titres aux tableaux, on les compare à ceux inscrits sur les cartels et lus par la maîtresse. On joue avec les mots, on les devine et on achoppe bien souvent. L'envie de lire vient et donne du sens à la lecture avant qu'elle se pratique. Cela paraît long aux parents, pas aux enfants. Quand ils sont prêts, on y va. Ce temps de vagabondage parmi l'écrit ouvre sur un deuxième temps évident :

apprendre. Prendre le temps d'apprendre avec plaisir et se dire que, demain, une nouvelle étape puis une autre, et ainsi de suite, seront franchies. Et ensuite, écrire soi-même des histoires. Histoires nées de l'expérience commune partagée dans un même désir d'apprendre.

L'urgence pour ne pas penser la fin

« *La "logique de l'accélération" a investi notre société contemporaine et notre mode d'être dans le monde.* »
Myriam Revault d'Allonnes, *La Crise sans fin*

L'avenir ne tient plus ses promesses. Le passé est obsolète. La croyance a déserté les esprits. La science, oh la science ! Elle ne va pas aussi vite qu'on l'espérait... Seule certitude, nous occupons ce monde à titre provisoire. La société telle que nous la concevons aujourd'hui, tout comme notre existence sont éphémères. La mort, toujours elle, trouve son équivalent symbolique dans les situations qui engagent la position passive : la soumission, l'inertie et tout ce qui, de près ou de loin, entrave l'activité. L'indécision est une activité. La « préférée » des personnalités obsessionnelles qui se développent aussi bien chez les adultes que chez les enfants et dont les symptômes se manifestent sous la forme de rituels, tics et tocs envahissants. On peut se demander si le climat sociétal d'indécision, de bégaiement de l'information transmise par les médias – sinon les politiques –, n'est pas une sorte d'effet retard d'une époque d'après-guerre en rupture avec son passé. L'urgence d'être le premier à informer semble plus importante que la validation d'une information par une vérification des sources (ne parle-t-on pas de « dépêche », de « flash » ?).

L'incertitude alimente l'inquiétude et l'inquiétude, le sentiment d'urgence. L'urgence et l'évitement font cause commune. L'évitement est une défense faisant partie du tableau clinique des personnalités obsessionnelles et phobiques. Il se met en place pour lutter contre le sentiment de culpabilité refoulé depuis l'enfance. L'urgence peut être interprétée comme un évitement, une fuite en avant (encore une façon de ne pas regarder en arrière !), pour aller nulle part peut-être, et en tout cas pas là où se trouve le danger supposé. Ne pas être rattrapé par l'histoire, ne pas laisser de place au vide dans lequel pourrait s'infiltrer la remémoration, constitue la motivation première, inconsciente certes, à la mise en place de cette sorte de mouvement perpétuel. Pas d'histoire, pas de début ni de fin, pas de culpabilité.

Les deux grands thèmes de la culpabilité sont liés à l'origine (la sexualité) et la mort (souhait vis-à-vis des parents). Le mouvement, la maîtrise, l'attente déjouée par l'hésitation maladive, le remplissage de l'emploi du temps par n'importe quel moyen, permettent d'écarter l'idée du châtiment lié à la culpabilité infantile, répétitivement. Pas de temps mort, pas d'absence, donc pas de mort. Ne pas lâcher. Contrôler et recommencer. Le système peut paraître absurde à celui qui n'est pas concerné. Le paradoxe de l'obsessionnel, c'est qu'il se livre à une sorte de course statique. Il se déplace sur le tapis roulant du temps mais moins vite que lui. D'où l'illusion d'être dans le mouvement, sans changer de lieu. Quel bénéfice ! Du temps social occupé, de l'énergie dépensée, mais pas

LE PRÉSENT COMPULSIF : « DÉPÊCHE-TOI ! »

de déplacement dans l'espace-temps, donc l'illusion conservée d'un temps subjectif resté identique à lui-même : répétition et évitement de la réflexion. La répétition est l'ennemie de la remise en question et du changement. La répétition, c'est le copié-collé de ce qui est passé. Les a priori et les préjugés en font partie. Ils reprennent de vieilles idées simplement réactualisées, sorte de leitmotivs d'un « C'était pareil avant, et ce sera toujours pareil ! ». Rien ne change ou rien ne doit changer, sous peine de perdre et d'avoir à faire le deuil d'un monde qui était différent avant, dont il faut abandonner les repères parce qu'il s'est métamorphosé et qu'on a soi-même évolué. Cette résistance au changement a pour conséquence une inhibition de la pensée et l'impression durable d'être obligé de se soumettre aux autres, avec en prime une mauvaise image de soi et le rejet de « la faute » sur les autres, ceux qui font bouger les choses. Observer ce qui se produit au niveau familial est un bon indicateur de ce qui se passe dans la société, et inversement. Il existe un jeu de miroirs entre société et famille. L'une comme l'autre se renvoient à l'infini le reflet du climat ambiant. Elles se renforcent mutuellement, avec un possible effet délétère sur l'éducation des enfants.

Mathieu est un excellent élève. Cependant, il se sent « mal dans sa peau ». Depuis l'école maternelle, il n'a pas réussi à se faire d'amis. Cela ne le gênait pas jusqu'à l'entrée au collège. Mais depuis, il vit mal sa solitude et se sent exclu. Son discours est très persécutif : les autres l'ignorent, ne veulent pas lui parler, voire se moquent de lui. Alors il les évite. Se met dans un coin de la cour et s'installe seul à une table pendant la classe. Il finit par dire que les autres ne l'intéressent pas, que leurs conversations ne le concernent pas. Il préfère parler avec des adultes. Il souffre beaucoup de cette situation et d'une mauvaise image de lui, mais dit : « Je suis comme ça, c'est tout. » Changer de comportement ? Pourquoi lui ? Sa mère trouve qu'il est très bien comme ça, d'ailleurs, et que les autres ne sont pas gentils. En prime, Mathieu n'a pas accès à l'ordinateur, ni à ce qu'ont les autres enfants de son entourage. « Avant, on n'avait pas tout ça et on vivait très bien ! », argumente la mère.

Certes, mais pour les parents de Mathieu, l'opposition au changement est idéologique. Les effets produits sont avant tout une désinsertion de leur fils du groupe des pairs. Pendant l'enfance, Mathieu n'était pas vraiment perturbé par ce décalage entre lui et les autres, mais à l'adolescence, l'écart trop important devient insupportable. Le modèle parental ne voulant pas s'adapter aux métamorphoses sociétales, Mathieu apparaît comme « vieux jeu » et « intello », insulte suprême chez les collégiens.

Pour éviter de coller à une évolution de la société qui ne leur convient pas, les parents de Mathieu se sont réfugiés dans ce qu'ils connaissaient le mieux : leur propre éducation, sans nuances et sans remise en question. Ce modèle plaqué ne tient pas compte de Mathieu, de ses désirs, surtout celui d'appartenance à un groupe nouveau, qu'il a fini par éviter afin de rester « fidèle » à ses parents. Or, l'adolescence ne se fait pas sans transformations (biologiques, psychiques et sociales) et éloignement des parents.

LE PRÉSENT COMPULSIF : « DÉPÊCHE-TOI ! »

La psychologue clinicienne et psychanalyste Michèle Emmanuelli résume : « Retenons pour l'adolescence l'idée d'un temps décisif (*krisis* : sentence) qui constitue une étape de modifications nécessaires : la vie sexuelle prend sa forme définitive et ouvre sur la sexualité adulte ; les relations avec les parents se modifient et un mouvement de séparation s'amorce ; le jeune sujet s'engage dans de nouveaux attachements hors du milieu familial et investit peu à peu un projet professionnel qui le mènera à l'autonomie. »

Comment transmettre aux enfants le goût de l'avenir, si les messages (inconscients) des adultes se partagent entre « C'était mieux avant » et « Ce sera toujours pareil, quoi que l'on fasse » ? Idéalisation du passé et impuissance face à un avenir sans espoir d'amélioration se partagent dans ce cas la palme du défaitisme. « C'est pour plus tard que tu travailles » n'est en aucun cas source de motivation. Les messages paradoxaux de ce type, souvent simultanés, traduisent le désarroi d'adultes souhaitant simplement que l'avenir des enfants ne soit pas une nouvelle source d'inquiétude, la précarité ambiante étant déjà génératrice de stress.

C'est la contradiction à laquelle les enfants sont soumis par le discours parental qui les conduit à ne pas pouvoir s'identifier à eux. Les parents ne suscitent plus le désir de devenir comme eux ou de vouloir faire mieux qu'eux. Ils sont stressés et leur vie ne fait pas envie. Elle provoque plutôt des mécanismes d'opposition, afin de ne pas être emportés dans le puits sans fond dans lequel elle entraîne. En ce sens, tout symptôme de l'enfant en réaction à ce comportement est un indicateur positif, puisque actif, de sa bonne santé psychique. Il est à entendre comme tel par tous ceux en charge de son éducation, qui doivent se questionner sur le modèle qu'ils lui transmettent.

J'insiste sur la question de l'identification à « l'homme pressé » que représente l'adulte pour les enfants de nos sociétés occidentales. Le moteur du « devenir comme... » est l'identification, c'est-à-dire la reconnaissance chez le modèle de certaines qualités ou capacités que l'on n'a pas, et l'envie de les atteindre, pour laquelle on se donne les moyens. C'est ce qu'on appelle « devenir ». Pour devenir, il faut pouvoir tenter, prendre des risques, faire des erreurs, modifier ses comportements, voire ses attentes. Et pour tout cela, il faut du temps, beaucoup de temps. L'enfance doit pouvoir être une période riche en expériences. Il faut que le monde où arrive le « nouveau » (comme disaient les Grecs de l'Antiquité, au moment du passage à l'adolescence) soit prêt à l'accueillir comme potentiel agent du changement. Si l'enfant est conçu (dans les deux sens du terme) comme un être qui va remplacer ses parents et modifier ce qu'ils ont fait, la perspective de l'avenir existe et inclut le retrait des prédécesseurs comme « maîtres » de sa vie. Les parents font alors don à leurs héritiers d'un monde dans lequel ils auront à créer du nouveau. Je ne parle pas tant des biens matériels que des valeurs et des relations humaines, par conséquent du monde dans lequel ils vivront et transmettront eux aussi.

Ainsi va le monde ! Ou peut-être ainsi allait-il, jusqu'à ce que l'on demande aux enfants de s'en faire une idée par eux-mêmes et qu'on les traite comme des adultes en

LE PRÉSENT COMPULSIF : « DÉPÊCHE-TOI ! »

miniature, alors qu'ils ne peuvent s'adapter seuls au monde complexe que nous leur offrons. Un monde auquel même les adultes ont parfois du mal à s'intégrer. Les adultes sont des éducateurs, leur responsabilité essentielle vis-à-vis des enfants est de « faire le lien entre l'ancien et le nouveau » (Hannah Arendt), d'avoir en tête qu'ils sont des modèles.

La responsabilité du monde, déclarait Hannah Arendt dans *La Crise de l'éducation*, revient aux éducateurs et est implicite du fait que les jeunes sont introduits par les adultes dans un monde en perpétuel changement. « Qui refuse d'assumer cette responsabilité du monde ne devrait ni avoir d'enfant ni avoir le droit de prendre part à leur éducation. » Si nous souscrivons aux propos d'Hannah Arendt, nous ne pouvons que nous poser la question de l'exercice de l'autorité dans une société de l'urgence, où la pensée en tant que sens donné à nos actes est remplacée par une réactivité pulsionnelle qui tient lieu d'action, sans prise en compte de l'expérience et du projet, écartés à la faveur d'un bénéfice immédiat.

Les troubles dits « du caractère et du comportement », pour lesquels les consultations en pédopsychiatrie et psychothérapie se multiplient, peuvent être interprétés comme une défaillance des capacités à mentaliser des situations (à les faire siennes). La représentation anticipée de l'acte à exécuter et de ses conséquences, autrement dit l'effort ou la stratégie, sont nécessaires au plaisir de faire. La représentation mentale d'une situation suppose que l'individu fasse appel à du familier pour imaginer la situation à venir. Cela s'appelle faire des liens. Ne pas y parvenir met le sujet dans une sorte de

« *no man's land* psychique » angoissant face auquel la réaction la plus spontanée est la fuite dans le non-sens et l'agitation. Faute de solution de dégagement par la mentalisation, cette fuite a pour objectif d'éviter la conviction d'échouer ou d'esquiver un résultat qui ne convient pas.

Prendre son temps, cela s'apprend. L'adulte qui ne cherche pas à se débarrasser d'une tâche mais plutôt à la réaliser le mieux possible, en anticipant la satisfaction qu'il va tirer de son accomplissement, transmet le goût du bel ouvrage. La création artistique est un bon exemple de travail singulier qui réclame un temps de conception long. « Les lézards aiment les arts », ironisait Apollinaire. Picasso se vantait : « Je ne cherche pas, je trouve ! », mais cela ne veut pas dire qu'il ne travaillait pas inconsciemment avant de se mettre à l'œuvre. Il réalisait alors sa trouvaille, la retravaillant jusqu'à ce que l'idée et la réalisation coïncident.

On rencontre chez les enfants à haut potentiel (appelés aussi « précoces » ou « surdoués ») cette difficulté à traduire leurs idées, souvent empreintes d'une créativité exceptionnelle, par une réalisation concrète. Ces enfants peuvent délaisser leurs études secondaires ou se voir qualifiés d'inadaptés au système scolaire par leurs enseignants de primaire – ce qui n'est pas tout à fait faux, mais mérite qu'on cherche à y remédier. Il est vrai que ce type d'enfants a tendance à se contenter de la compréhension intellectuelle d'une notion, sans voir l'intérêt d'en passer par des exercices écrits qui leur paraissent fastidieux. La scène mentale est surinvestie au détriment du monde tangible. Ayant toujours « un métro d'avance », ils perturbent la classe, s'expriment avant qu'on ne leur

LE PRÉSENT COMPULSIF : « DÉPÊCHE-TOI ! »

donne la parole, finissent par se taire, s'ennuient et se dégoûtent rapidement de l'école. On les dit souvent hyperactifs, comme les enfants présentant des troubles du comportement. Mais ces notions sont tellement galvaudées que les parents ne savent plus très bien si c'est un trouble, une excellence ou une mutation qui atteint leur enfant.

L'enfant à haut potentiel étonne par sa façon de raisonner comme un adulte, de se questionner sur des sujets qui ne sont « pas de son âge », tout en exprimant des craintes qui l'envahissent parfois de façon excessive. On rencontre des enfants précoces dans tous les milieux. Leur développement psychoaffectif peut être plus ou moins homogène. Leur point commun est d'avoir des résultats très supérieurs aux tests d'intelligence, comparés à une population d'enfants de la même classe d'âge. Leur nombre est censé être très réduit, pourtant on voit arriver en consultation des parents dont le diagnostic est déjà formulé : « Mon enfant doit être surdoué, il ne veut rien faire en classe et il est agité. » Quelle déception quand les tests psychométriques ne confirment pas leur verdict !

Dans toute consultation d'enfant, les entretiens avec les parents sont indispensables. Ils informent sur l'histoire de la famille, de l'enfant et de son développement, mais aussi sur les représentations et les normes auxquels ils se réfèrent et qu'ils transmettent à l'enfant. « Il n'y a pas d'enfant sans ses parents », disait Winnicott.

On entend fréquemment sortir de la bouche des parents de surdoués une plainte concernant le rapport « au temps des horloges », un temps auquel leurs enfants ont du mal à se plier. Cette contrainte est source de conflits répétitifs. N'est-ce pas plutôt pour ces enfants une façon de se défaire d'une pression trop importante due au sentiment d'urgence qui règne autour d'eux ? Ne faut-il pas y voir la mise en place d'une protection par le maintien d'un temps propre ? L'enfant conserve ainsi l'écart temporel et mental nécessaire pour passer d'une situation à une autre sans dommage. L'hyperactif réagit à la pression trop importante par une activité du corps, une agitation, une instabilité qui dirait l'impossible pensée dans un temps compressé. Le précoce, lui, se place dans une opposition apparemment passive et prend le temps de ne pas céder à la demande de réponse immédiate en faisant « traîner » la pensée à travers tous les questionnements possibles. Mais, dans les deux cas, on note dans le tableau clinique des troubles du sommeil qui ne sont sans doute pas sans lien avec la difficulté rencontrée à se plier à un rythme qui ne leur correspond pas.

Bien sûr, il est plus gratifiant sur le plan narcissique d'avoir un enfant précoce qu'un enfant agité. Mais il est important de constater que l'environnement dans lequel se trouve l'enfant exige de lui des réactions défensives, par lesquelles il va tenter de s'en dégager et d'en tirer des bénéfices, avec plus ou moins de succès. Le « trop » alerte toujours quand il est associé à une souffrance de l'enfant que les adultes décèlent. Les adultes sont responsables des décisions qu'ils prennent pour protéger l'enfant de son mal-être. Ces enfants qui inquiètent les adultes sont, selon moi, des indicateurs d'une évolution sociétale plus globale.

LE PRÉSENT COMPULSIF : « DÉPÊCHE-TOI ! »

Niko ne tient pas en place. Il semble être assis sur un siège éjectable. Pour se concentrer sur une tâche, il change de position en permanence. Ses parents traduisent cette manière de faire par de l'angoisse. Ils ont certainement raison. Mais quelle angoisse ? Peut-être bien celle de ne pas être à sa place. Il est enfant unique, son père imaginant qu'il ne supporterait pas un puîné. Sa mère le regrette, elle aurait bien aimé un deuxième enfant. Niko fait tout ce qu'il peut pour animer la maison, avec une double satisfaction inconsciente : on a le regard fixé sur lui et il empêche sa mère d'être triste à l'idée de ne pas avoir un autre enfant. Effet secondaire plus négatif : il perturbe, énerve l'entourage et n'est pas apprécié par ses camarades ni ses enseignants.

Niko met beaucoup d'énergie à garder son statut d'agité et il n'en tire pas vraiment les bénéfices espérés (inconsciemment, bien sûr). Tout le travail thérapeutique va consister à lâcher ce comportement pour un autre plus adapté, tout en comprenant ce qui l'agite.

Nous découvrirons ensemble que le temps qui passe est très insécurisant pour lui : tout d'abord, le temps est son ennemi parce qu'il amène vers la mort ; mort que l'on associe à sa naissance, son grand-père maternel étant décédé peu de temps après. Mais le temps est aussi son ennemi parce qu'il amène de la vie, l'éventuelle vie d'un autre enfant dont sa mère a le désir et dont il craint l'annonce chaque jour. Alors il bouge et se sent à la fois vivant et unique ; ce faisant, le temps continue comme il est. Du moins, il s'en crée l'illusion, et il y croit... ou plutôt, il y croira un certain temps !

ATTENDS... DÉPÊCHE-TOI !

Certains parents refusent l'idée de transmettre ce qu'ils ont construit à leurs descendants sans garantie qu'ils vont en faire « quelque chose de bien ». Ils oublient qu'ils étaient eux-mêmes détenteurs d'un héritage dont ils ont fait ce qu'ils ont cru bon. Ils ne lâchent rien. La tentation est grande de remplir « les trous du vide » de la vie, de plus en plus vite, pour garder ainsi, peut-être, l'illusion d'éternité.

Pour Nicole Aubert, « la perte de l'espoir en un avenir meilleur [...] rabattrait en somme toutes nos énergies vers le jour présent, comme s'il devait être le seul ou le dernier qui nous soit donné pour combler nos attentes ou réaliser nos désirs. D'où cette course permanente vers le "toujours plus, toujours plus vite" dont la vie en urgence constitue le dernier avatar ». Urgence de riches, précise-t-elle ! Urgence économique à laquelle les enfants sont soumis dès le plus jeune âge dans les caddies de supermarchés, d'où ils attrapent dans les rayons tout ce qui est à hauteur de leurs petites mains et que les parents n'osent pas reposer de peur qu'« ils ne piquent une crise ». Les caddies se remplissent ainsi d'« au cas où... ». Au cas où quoi ? Où il y ait un manque, bien sûr. « La mort comme imprévu n'est pas à l'horizon. » (Nicole Aubert)

L'enfant agité et l'enfant surdoué sont tous deux paradigmatiques de la société « au jour le jour », avec certaines différences. Le fonctionnement cognitif rapide et efficace de l'enfant surdoué lui permet de lier des connaissances plus vite que la moyenne. Il est dans un trop-plein (de sollicitations, d'intérêts, de réussites...), qui apporte satisfactions intellectuelles et narcissiques mais aussi angoisse. L'enfant agité, lui, manque de supports. Il est plutôt du côté du manque, voire du vide. Il ne se repère pas bien dans l'ordre des générations et surtout dans les prérogatives de chacune d'elles. L'angoisse et la quête de repères sont également très importantes. Quand le surdoué déborde le cadre, l'agité manque de cadre. Chacun vit cependant comme si « il ne devait vivre qu'un seul jour ».

Zapping : fragmenter la vie, combler le vide

> « *Le zappeur est tout de déception, lancé dans une poursuite infernale, une enfilade de culs-de-sac, un labyrinthe crispé de vide poussant des vides.* »
>
> Philippe Trétiack, *Traité de l'agitation ordinaire*

À première vue, on pourrait penser que le zappeur est curieux de tout, qu'il ne veut pas « rater une miette » de tout ce qu'il a sous les yeux. Télécommande en main, il change de chaîne à tout bout de champ pour trouver de quoi accrocher son regard. C'est un homme sans choix, sans désir, qui ne veut pas ressentir de manque et surtout ne souhaite pas être questionné par ce qu'il perçoit. Il fuit à la fois le vide et la pensée, au contraire de « l'agité » qui peut jouir d'un sentiment d'éternité en écartant les « temps morts » et en vivant avec intensité.

Le zappeur est tout ennui. L'investissement de ce qu'il voit (si on prend le cas de l'écran) n'est lié qu'aux sensations que cela lui procure. Peu importe le contenu qu'il a sous les yeux, pourvu que ces changements de ressentis lui confirment qu'il est vivant. Ce qui compte, c'est le petit écart, l'impact exercé par la pression sur le bouton de la télécommande qui modifie l'ambiance. Cette

LE PRÉSENT COMPULSIF : « DÉPÊCHE-TOI ! »

modification quasi instantanée tient un peu de la magie. L'attente de cette transformation sans grand effort est démesurée, puisque le zappeur devient dépendant du changement d'état pour se sentir vivant. Gare aux réactions « explosives », si la manette ne donne pas satisfaction ! Le zappeur doit « s'éclater », faute de monde intérieur suffisamment riche d'un vécu satisfaisant qui permettrait d'envisager le futur avec curiosité. « S'éclater » se limite finalement à ne pas ressentir l'ennui, ou juste assez pour prévenir le risque d'y sombrer... en zappant. Peu importe l'histoire, les images/ sensations ne sont que des supports interchangeables. Illusion de la durée, alors que la succession « sans queue ni tête » n'engendre que du non-temps, du non-sens. Mais la quête de sens n'est pas le but du zappeur, c'est même tout le contraire. Il souhaite ignorer, oublier. C'est d'ailleurs le terme familier employé hors contexte télévisuel : « Tu m'as zappé ? », demande-t-on à quelqu'un qui a oublié un rendez-vous. Comme si, de soi-même, on se réduisait à une image effacée de la mémoire de l'autre. Pas d'investissement dans la durée, pas d'attente spécifique de la rencontre avec l'autre : c'est ce que suggère le zapping. C'est bien le lien à l'autre que ce comportement questionne lorsque, au-delà des images, il concerne les êtres humains.

Rappelons que le « bon » rapport au temps, celui qui, dès la naissance, est fait de continuité et de discontinuité, est à la fois consécutif à l'alternance présence/absence de la mère et indispensable pour que la temporalité advienne. Pour cela, il faut que la séparation joue son rôle de transformateur, pour passer de la toute-puissance narcissique (l'autre est la conséquence de mon désir) à la relation (l'autre est différent de moi, mais aussi semblable ; il a un temps différent du mien qui le rend parfois indisponible, comme je le suis moi-même). Cette relation devient alors, très tôt, intersubjective : c'est la rencontre de deux êtres différents. La surprise, l'imprévisibilité et tout ce qui vient chambouler un état qui dure provoquent plaisir ou déplaisir mais ne suscitent pas une angoisse déstabilisante.

La place que nous pouvons accorder à autrui serait donc dépendante des variations et discontinuités auxquelles nous sommes régulièrement soumis depuis la naissance. Si nous avons réussi à nous familiariser avec elles, nous ne nous sentons pas seuls en l'absence de l'autre. L'absence d'un être cher peut même être source de rêverie, donc de plaisir anticipé. Le zappeur, lui, ne rêve pas ; comment le pourrait-il ? Il ne laisse aucun espace pour cela. S'il ne laisse pas de place à la rêverie, c'est parce que l'espace lui-même est significatif de vide, de rupture, de trou dans la durée. Il le comble en passant d'une chose à une autre, d'une relation à une autre, sans pause qui pourrait le faire modifier sa manière de faire et d'être. Le zappeur manque profondément de sécurité interne, d'où ses tentatives de maîtrise du monde extérieur, avec à la clé une créativité réduite puisqu'il ne peut pas prendre de risques. Ses choix sont des pseudo-choix guidés par l'urgence de ne pas voir la réalité potentiellement angoissante de l'existence d'autrui. Quelle place faire à l'autre ? Comment envisager un objet d'amour qui n'aurait pour fonction que de maintenir une permanence de soi, qui risquerait de mettre du désordre dans ce qui est en place ?

LE PRÉSENT COMPULSIF : « DÉPÊCHE-TOI ! »

Derrière cet ordre apparent, il y a « immaturité, désordre, fragmentation », comme a pu le dire André Green. Dominer ses affects donne au zappeur l'illusion d'avoir conquis la maîtrise de sa vie, de faire ce qu'il veut (« Moi, je suis comme ça ! »), en niant l'existence d'un attachement à un être cher. Bon moyen de ne pas avoir à vivre douloureusement la séparation ! L'objet d'amour ne peut pas manquer, puisqu'il ne compte pas. Les relations qu'on a coutume d'appeler « Kleenex » relèvent typiquement de cette catégorie. L'autre, interchangeable, est « jeté » quand il ne sert plus, après un temps plus ou moins long, suivant qu'il arrive ou non à maintenir un niveau de gratification narcissique suffisant pour son/sa partenaire. On ira ensuite chercher un(e) remplaçant(e) qui fera mieux l'affaire. Comme avec les programmes télé, la fonction des partenaires est là aussi de « boucher les trous du vide ».

L'autre se trouve réduit à un élément virtuel : il est bien là en chair et en os, mais aboli en tant qu'être avec qui peut se nouer un lien spécifique privilégié. C'est le vide affectif du zappeur qui rend l'autre inexistant à ses yeux, qui fait de lui un objet de non-satisfaction interchangeable. La seule possibilité pour que l'autre soit « quelqu'un » serait de régner sur lui en l'assujettissant, ce qui se produit dans la perversion narcissique comme dans le harcèlement moral au travail. La séparation, invivable pour le pervers, ne peut se résoudre que par une emprise sur l'autre maintenu captif dans un pseudo-lien. Le meurtre psychique ainsi réalisé permet à son auteur de ne pas risquer la confrontation avec le vide insupportable, puisque exempt de désir. Seul un zapping effréné d'une source de jouissance à une autre permet de

« tenir » tout cela, sous prétexte de profiter d'une vie d'adulte réduite à une succession de plaisirs potentiels.

Pour le zappeur, le passage n'a pas eu lieu. Qui dit passage dit mort symbolique, deuil de la position antérieure. Quitter l'ancien pour du nouveau, inconnu, et se réinterroger. Éventuellement faillir et devoir renoncer. Le zappeur ne renonce pas, il arrête le cours du temps pour ne pas savoir la fin, pour ne pas être déçu. Il ne veut pas savoir ce que l'autre va ou non lui apporter, le risque est trop grand d'être le perdant. Alors il maîtrise en arrêtant l'histoire. Il est un grand illusionniste et c'est ce qui séduit chez lui au premier abord : il est le maître du temps, faisant oublier à son interlocuteur qu'il est déterminé temporellement. Avec lui, seule la fragmentation illimitée du temps subsiste, annulant l'idée même de la mort. La discontinuité est synonyme de rupture pour le zappeur qui évite ainsi la réalité de la flèche du temps.

L'écran qui envahit nos vies est le support idéal du zappeur et de sa problématique, permettant à cette dernière de s'épanouir. Certains médias, en particulier ceux « d'info continue », entretiennent cet état d'esprit du « toujours plus, toujours plus vite ». L'adulte peut oublier que le temps des médias n'est pas le temps réel. Les enfants ne l'ont jamais su.

Antoine a dix ans. C'est un enfant en apparence très calme. Il parle peu. Il ne s'ennuie jamais, d'après ses parents. Bien qu'il n'ait qu'un seul ami, son temps libre est toujours occupé par de multiples jeux qui se succèdent sans qu'on en voie l'aboutissement. Les scénarios qu'il invente ont toujours un début prometteur mais ne se terminent jamais. Il prend comme point de départ les

LE PRÉSENT COMPULSIF : « DÉPÊCHE-TOI ! »

personnages de séries télévisées dont il raffole et passe d'une histoire à l'autre dès qu'il imagine un obstacle que le héros va devoir franchir. Ainsi, il a à son actif un nombre impressionnant de débuts d'histoires en attente. En séance, il fonctionne de la même manière. Il saute d'une histoire à l'autre sans m'y inclure ou bien commence une histoire à un endroit de la pièce puis se déplace, jouant une autre scène à un autre endroit. Les histoires pourraient être simultanées en plusieurs lieux imaginaires concrétisés par les emplacements choisis, mais elles n'ont rien à voir entre elles ; ni lui ni moi n'arrivons à trouver le lien qui permettrait de maintenir une cohérence temporelle et narrative. Antoine zappe. Visiblement, il fuit la représentation d'un déroulement, voir d'un dénouement qui ne pourrait qu'être fatal à certains personnages car les figurines dont il se sert forment toujours deux camps qui s'affrontent.

Antoine est un mordu d'écrans, en particulier de télévision. En être privé le met dans des rages incontrôlables. À l'école, il ne termine jamais son travail, ce qui fait dire aux enseignants qu'il est lent.

Le travail thérapeutique nous permettra d'avancer dans la compréhension de cette manière répétitive de faire, et d'y donner du sens. Toute perte – dont bien sûr, encore une fois, la mort est le paradigme – soumet Antoine à un danger psychique imparable. Seul l'arrêt avant le dénouement peut le protéger d'une fin insupportable, même créée par lui. D'où son intérêt pour des séries télévisées interminables, donc sans danger.

Le règne de Narcisse ou l'obsession de soi

*« Le facteur n'est pas passé
Il ne passera jamais
Lundi, mardi, mercredi
Jeudi, vendredi, samedi
Dimanche. »*

Comptine

Changer ou ne pas changer, telle est la question, telle est la crainte. Une crainte de l'imprévisible. La conviction qu'un présent merveilleux ne rencontrera pas d'obstacle, « parce que je le vaux bien ». Le déni du vieillissement, l'une des preuves objectives du changement, est chose courante et fait partie d'un quotidien abreuvé de publicités attaquant l'évidence : un jour viendra où le miroir dira : « Oui, mais… » Tout changement renvoie à une absence de maîtrise d'un temps qui refuse de s'arrêter, et par conséquent à l'imprévisibilité de l'autre et de soi-même. La problématique est sans doute récurrente depuis que l'homme existe, mais avec les progrès de la technique, tout ce qui permet « d'être au top » annule le futur qui se confond avec un éternel présent dans des représentations qui n'envisagent pas la modification. Certains réagissent en (sur)anticipant, façon alternative de maîtriser l'angoisse. Quelle peut être l'origine de cette nécessité de maîtrise qui conduit l'individu à prendre une posture toute-puissante ? Le besoin de maîtrise s'ancre dans l'incertitude ambiante et c'est, de mon point de vue, de ce côté-là qu'il faut chercher. Maîtrise et incertitude sont les maîtres-mots de la culture contemporaine, en particulier en raison de l'absence de croyance en un avenir meilleur. L'impression d'impasse véhiculée quotidiennement accentue le sentiment individuel de mal-être et nourrit une forme d'individualisme. Le sentiment que, dans le passé, « on a tout essayé » altère l'envie même d'inventer du nouveau, car « à quoi bon ? ». Le doute se répand quant à l'intérêt d'agir collectivement. Le désir de changement circonscrit à l'individu donne l'illusion d'être créatif.

Les conséquences ne sont pas des moindres : dans la mesure où nous donnons à voir et à entendre aux enfants, adultes en devenir, que la vie collective ne procure pas autant de bien-être que l'intérêt pour soi-même, quel type de conscience collective peut-on espérer ? Les médias font de l'audience en donnant une large place à de pseudo-événements ou à la télé-réalité. Point commun à la plupart de ces images : une situation dramatique alimentant toutes sortes de fantasmes catastrophiques. La solution : s'enfermer. Si possible dans une cage dorée, sinon en modifiant ses relations et en ne s'occupant plus que de soi, sans oublier de protéger ses enfants d'un éventuel danger qui rôde. Ce sont les histoires des autres mais cela pourrait nous arriver. On se rassure : les méchants sont dehors et les gentils dans la maison. On clive.

Qu'on ne s'étonne pas du nombre important de phobies scolaires ! L'école, c'est dehors : on apprend à y vivre avec d'autres enfants différents et semblables à la fois, et non pas gentils ou méchants. En apprenant à penser, « à penser ce qui lui arrive », l'enfant apprend la complexité et acquiert la capacité à tenir compte de différents points de vue. À l'école, l'enfant apprend que le monde est toujours plus vieux que lui, qu'il y a un avant et un après, et que son travail est de se préparer à en faire quelque chose. C'est probablement l'une des missions essentielles de l'école, afin de pouvoir en parallèle enseigner les contenus. C'est la combinaison des deux acquisitions qui produit l'effet « avenir » chez les enfants. Un enfant ne travaille jamais pour soi, mais pour le désir suscité par l'autre, en premier lieu ses parents ; donc pour ce qu'il représente lui-même pour l'autre. Ainsi, quand l'enfant revient avec des mauvaises notes à la maison, lui dire que ce n'est pas grave produit l'effet inverse de celui recherché. Banaliser un événement qui est important pour l'enfant, en voulant le protéger d'un ressenti douloureux, c'est disqualifier le travail de l'enfant mais aussi l'enseignement. C'est dire qu'il n'y a pas de conséquences, donc pas de sens à ne pas savoir. C'est aussi dire, sans le dire : « Je ne supporte pas que tu souffres, parce que je ne sais pas quoi faire de ça. »

Il n'est certes pas plus conseillé de faire un drame d'une mauvaise note, et de renvoyer l'enfant à son incapacité à satisfaire ses parents. Ces deux attitudes placent l'enfant comme objet de satisfaction narcissique, et non comme futur adulte apprenant avec l'aide d'êtres chers.

LE PRÉSENT COMPULSIF : « DÉPÊCHE-TOI ! »

La construction psychique se poursuit tout au long de l'enfance et de l'adolescence. Elle ne s'arrête pas à l'entrée de l'école primaire. Le rôle spécifique de transmission se perpétue pour les parents.

Il est sans doute plus difficile, dans une société où s'occuper de soi est un leitmotiv, de renoncer au « bien-être » et à la jouissance pour privilégier l'éducation. Mais la responsabilité vis-à-vis des enfants est une nécessité qui dépasse les enfants eux-mêmes : c'est une responsabilité par rapport au monde à venir, construit sur les traces et la capacité à créer transmise par la génération précédente. Dans une société dont les membres ont du mal à concevoir qu'il va falloir un jour laisser la place et qu'on ne va pas récolter soi-même tout ce que l'on a semé, la tâche est rude !

Le mythe nous dit que Narcisse n'a pas eu d'enfant. Il n'a aimé nul autre que lui-même, et encore... Seule son image pouvait le combler. Narcisse n'a jamais dépassé le stade du miroir. Il a pris son image pour un autre parce qu'il n'a pas regardé autour de lui, n'a pas vu la différence. Il a fini par sombrer en lui-même. Le temps ne s'est pas déroulé, il n'aurait pas pu chanter la comptine du facteur : pour lui, c'était tous les jours dimanche !

M. et Mme C. consultent avec Aline, sur les conseils de l'institutrice de CM2. Aline ne participe pas en classe, ne semble pas donner les résultats qu'on peut attendre d'elle. Elle est décrite comme très inhibée. Par ailleurs, à la maison, elle fait des colères épouvantables, que les parents disent « sans raisons ». Quand j'interroge Aline en présence de ses parents, elle ne s'autorise pas à donner son avis sans demander du regard le soutien de sa mère.

Aline est effectivement très réservée et elle aura besoin de temps pour exprimer ce qu'elle ressent.

Elle ne sait pas comment se comporter à l'école comme partout hors de sa famille. Elle a l'impression qu'elle n'est plus rien sans les directives de sa mère. En revanche, à la maison, elle réclame une autonomie qu'on lui refuse (décider de l'emploi de son temps). Elle a l'impression que sa mère, soutenue par son père, exige d'elle un comportement de soumission. Elle dira qu'il faut faire tout ce qu'elle veut, sinon elle s'effondre.

Nous comprenons que les grands-parents maternels ont toujours été très exigeants vis-à-vis de leurs enfants, dont ils ne s'occupaient pas vraiment. Mme C., en étant elle aussi très exigeante mais beaucoup plus présente, pense mieux réussir que ses propres parents et en tire une certaine fierté. Le conflit de générations qui se joue sur le dos d'Aline ne la concerne donc pas directement. C'est ce sentiment de ne pas être prise en compte, d'être soumise à une loi qui renforce le narcissisme de sa mère mais l'annule en tant qu'individu, qui la faisait hurler. En décodant le mécanisme et les enjeux transgénérationnels, Aline a pu doucement modifier son comportement et rassurer sa mère sur ses qualités maternelles. La dédramatisation et l'humour ont été ses meilleurs outils pour ne plus se sentir « un objet ».

Lorsque l'enfant paraît : Sa Majesté le bébé

« *[...] avec la conception et la naissance, les parents n'ont pas seulement donné la vie à leurs enfants ; ils les ont en même temps introduits dans un monde.* »

Hannah Arendt, *La Crise de l'éducation*

C'est une évidence : l'enfant qui naît n'est pas capable de satisfaire seul ses besoins. L'immaturité de son développement lui impose une dépendance et rend nécessaire une protection qui va durer beaucoup plus longtemps que chez les autres mammifères. Cette particularité est nommée « néoténie ». En naissant, nous ne sommes pas aptes à nous occuper de nous, à survivre seuls.

Lorsque la naissance est attendue, désirée par les parents, et que « l'enfant et la mère se portent bien », le cercle de famille peut « applaudir à grands cris ». L'entrée dans l'histoire s'est bien passée, l'enfant y a pris place. Mais quelle place ? Celle de celui qui va devoir réparer les blessures familiales ?

Aurore, la Belle au bois dormant, n'eut pas trop de six bonnes fées pour lui offrir un don et d'une septième pour atténuer la malédiction d'une mauvaise fée oubliée, Carabosse. Celle-ci prédit que la princesse se piquera le doigt sur un fuseau et en mourra. Il traîne toujours dans les familles quelque chose de négatif oublié, non-dit ou secret, qui jette inconsciemment une ombre sur le berceau du bébé. La métaphore du conte est celle d'une immobilisation du temps lorsque ce qui était caché/oublié resurgit. L'histoire ne dit pas de quoi il s'agit et peu importe, d'ailleurs : ce sont plutôt les conséquences qui nous intéressent. Pour protéger sa fille, le roi fait interdire tous les fuseaux. Mais une vieille fileuse, dans une tour du château, continue de travailler sans se faire remarquer. À seize ans, Aurore échappe à la protection rapprochée de ses parents, découvre la fileuse et avec elle, l'objet de l'interdit. Elle se pique au fuseau de la vieille femme : cette piqûre vient couper le fil du temps filé pendant toutes ces années par la fileuse. La dimension sexuelle qui touche la plupart des secrets est métaphoriquement évoquée ici : la fée Carabosse représente le malheur du couple royal qui ne pouvait pas avoir d'enfant, symbole d'une mauvaise mère/ancêtre qui interdisait toute descendance.

La naissance de cet enfant tant attendu avait fait resurgir, en la personne de Carabosse, ce que tous tentaient d'oublier. Elle a donc désorganisé un système qui évitait que soit élaboré psychiquement un événement douloureux de l'histoire familiale, au prix d'un arrêt de la filiation (malédiction sur la lignée). Cette naissance, qui prend une allure magique, provoque une crise qui aurait réclamé une réorganisation psychique mais n'a provoqué qu'une réorganisation matérielle (la disparition des fuseaux dans tout le royaume). La prédiction n'a pu être évitée que jusqu'à l'adolescence, crise majeure

LE PRÉSENT COMPULSIF : « DÉPÊCHE-TOI ! »

entre parents et enfant et dernière étape, avec la puberté, du développement psychosexuel. Le psychothérapeute peut prendre ici la figure du prince charmant qui vient bouleverser l'équilibre mortifère familial en réveillant Aurore, voire sa famille, d'une mise en sommeil, d'un blocage des relations dont les raisons pouvaient être inconscientes. La surprotection accordée à la petite fille faisait d'elle un être vulnérable aux parents tout-puissants. Dans le cadre des consultations, nous observons régulièrement ce type de relations familiales : un enfant se retrouvant en position de bouc émissaire en raison d'un acte commis par un ancêtre et dont il se trouve inconsciemment affublé. Le symptôme désorganise le temps pour, dans les cas favorables, le réorganiser et redonner de l'avenir à la famille.

Revenons aux parents d'Aurore. Ils ont fait « tout ce qu'ils pouvaient », auraient-ils pu dire, « pour protéger leur enfant et lui donner les meilleures conditions de vie ». Matériellement, on imagine combien la petite princesse a été choyée et écartée de toute frustration. On imagine combien elle ne manquait de rien et à quel point on s'affairait autour d'elle. *Autour*, mais peut-être pas *avec* elle, en raison du mystère entourant sa naissance. La menace, toujours présente tant que la prédiction ne s'est pas accomplie, « suinte » dans l'attitude de ses parents. En échouant dans leur tentative de dissimuler leur peur, ils transmettent de l'impensable et de l'irreprésentable à leur fille. Le jour de ses seize ans, elle s'autorise elle-même à savoir ce que contient cet interdit en enfreignant la règle pour se rendre dans la tour.

Toutes ces attentions pendant seize ans n'ont pas évité qu'elle sache, et à quel prix ! Elle a été exclue de son histoire. Les mots n'ont pas été prononcés et le non-dit ne l'a soustraite que pour un temps au maléfice. L'attrait pour l'inconnu, à l'adolescence, l'a alors mise en danger, à son insu.

Lorsque l'enfant paraît, nul besoin d'être enfant de roi pour être, aux yeux de ses parents, « Sa Majesté le bébé ». Le nouveau-né s'inscrit dans l'histoire des deux familles dont il est issu. En même temps, le bébé est une énigme. Il est l'objet de projections de tous ordres et a surtout pour mission inconsciente de réparer ses parents, voire les autres membres de la famille, dans leurs blessures narcissiques, dans ce qu'ils ont été et ne sont plus, ou dans ce qu'ils auraient voulu être. La charge est déjà plus ou moins lourde sur les épaules de ce petit être. Il doit aussi satisfaire aux représentations sociales que ses parents et l'environnement lui inculquent. La réussite projetée par les parents se heurte à une réalité sociale qui peut se révéler difficile, et à l'absence de croyance en un avenir meilleur. Du coup, un mélange d'adoration et d'inquiétude dès que l'enfant dévie des représentations idéales génère des comportements paradoxaux dans les soins (au sens large) donnés.

L'œil toujours rivé sur lui, les interprétations vont bon train concernant les écarts entre les représentations qu'on s'était faites du bambin et sa réalité. Cette position le soumet à des stimulations ou à des frustrations dépendantes des attentes excessives de parents qui ne tiennent pas compte de son évolution propre, de ses expériences et de ses capacités d'adaptation. L'imprévisibilité maternelle est un des modes de relation les plus dangereux pour le développement psychique de l'enfant. Les humeurs variables de la mère sont alors les seuls repères,

LE PRÉSENT COMPULSIF : « DÉPÊCHE-TOI ! »

sans prise en compte du bébé et sans changement de rythme lié à une situation ludique. En l'absence de rêverie maternelle, véritable contenant psychique, le bébé réagit par l'excitation (cris, refus de dormir, agitation) ou le retrait (il se protège en s'absentant de la relation).

Le bébé dont la mère est trop inquiète ou trop absente psychiquement va développer des comportements deux types : l'accrochage tyrannique ou le silence. Dans le premier cas, le bébé hurle dès que le contact visuel est rompu ou que la cuillère, qui représente un lien, lui est retirée de la bouche. La continuité étant de mauvaise qualité, la discontinuité l'est aussi. On assiste à une dégradation de la relation accompagnée de troubles de la temporalité qui mènent à l'épuisement des deux êtres, l'enfant présentant généralement des troubles du sommeil. Le bébé, qui est encore l'*infans* (il n'a pas le langage), envoie par le corps des signaux de détresse qui servent aussi à maîtriser le vide de l'absence : dans le cas du bébé en retrait, les rythmies corporelles (balancements, gestes stéréotypés...) et la constipation chronique servent à compenser mais aussi à dire sans la voix.

La difficulté à consoler son bébé peut être due à des événements de la vie contemporains de la naissance, comme un deuil ou une séparation. Mais elle peut aussi être étrangère à des circonstances conscientes, ce qui a pour effet de culpabiliser les parents, troublés par leur propre comportement.

La naissance d'un enfant est toujours une crise, dans la mesure où il faut remanier la place de chacun et revisiter son histoire. Les pans de celle-ci restés non élaborés, obscurs ou honteux resurgissent avec d'autant plus de virulence qu'ils n'ont pas été évoqués avec les générations antérieures, ni le/la partenaire. Le bébé réintroduit l'affect (positif et négatif) dans la relation à l'autre. Les craintes, comme les joies de revivre de l'infantile conscient et surtout inconscient, occupent le berceau du bébé. Une de ses tâches va donc être de réparer le narcissisme de ses parents dans une sorte d'inversion des rôles et de la temporalité : être plus gratifiant envers ses parents que ses propres parents ne l'ont été pour eux-mêmes. Le risque est d'exiger que l'enfant réponde à l'attente idéale dans la réalité. Dans ce cas, il est nié comme ayant ses propres particularités. Ses attentes et son immaturité ne sont pas prises en compte. La demande à laquelle il doit répondre le dépasse totalement. Ses compétences ne sont pas à la hauteur et son estime de lui se dégrade.

La prédisposition à accueillir les émotions de son enfant, à le comprendre et à « l'animer » (le relier au monde environnant) fait partie de la fonction parentale. En d'autres termes, la disponibilité des parents, liée au désir que leur enfant leur succède, définit leur capacité à assurer la continuité générationnelle. Pour cela, il est nécessaire que l'enfant roi (imaginaire, merveilleux) et ses parents se heurtent à « la réalité des lois de la nature et de la société » (Freud). Empêcher les éprouvés douloureux, les faire taire avant même qu'ils ne puissent s'exprimer évite à l'enfant de les penser et d'en faire évoluer la pensée. Le temps est alors gelé. Le défaut de frustration ne permettant pas de ressentir les variations affectives, la vie est lisse. Gare à la difficulté de s'adapter aux autres, le moment venu ! Cette situation a pour origine une confusion entre protection et surprotection de l'enfant, qui le bloque dans son évolution. Consoler, transformer, c'est symboliser. Alors le langage prend la place du corps, en tant que mode d'expression privilégié dans les relations à autrui.

La Belle au bois dormant n'a pas eu à être consolée. Surprotégée physiquement, épargnée de la douleur par une vie quotidienne « privilégiée », vivant dans un environnement jusqu'où la société ne parvient pas, elle est réduite à être l'objet narcissique de ses parents. La « faute » des parents (n'avoir pas invité la fée Carabosse au baptême), qui peut être assimilée à un déni d'une partie de l'histoire familiale, rejaillit sur elle et la rattrape dès que la protection rapprochée ne joue plus son rôle.

Le roi et la reine ne se sont pas crus capables de parler à leur fille de son histoire. Ils ont privilégié son corps à sa vie psychique. En taisant son histoire, ils n'ont pas permis à Aurore d'accéder à la dimension symbolique. Pour elle, tout passe par le corps. Le conte, comme tous les contes, affirme symboliquement que le non-dit, le secret figent le temps et la pensée.

Le présent insignifiant

> « *Le temps où ça se passe n'est pas le temps où ça se signifie.* »
>
> André Green, *Le Temps éclaté*

Quand Proust part à la recherche du temps perdu, il refait l'histoire, la rend présente en utilisant sa mémoire tout en la modifiant à travers ce qu'il a vécu, entre l'événement et sa remémoration. Il fait du présent. Il crée.

Le présent n'a pas de sens. Je m'explique : le présent en soi n'existe pas. À peine a-t-on prononcé le mot qu'il est déjà passé. Mais en quoi existe-t-il donc, ce présent que nous conjuguons pourtant ? Si je dis : « Je suis une fille », à cet instant précis j'en suis une, mais je l'étais aussi hier et je le serai demain. Ce présent-là, absolu, n'a rien de commun avec le présent de l'instant. Si, comme dans la chanson, je dis que « je chante soir et matin », c'est le même cas de figure. Le vrai présent est celui qui dit : « Je suis en train de… » Il signifie la durée. Quand Montaigne écrit : « Quand je danse, je danse, quand je dors, je dors », il veut nous parler de ce qu'il vit quand il agit – actions qui reflètent d'ailleurs une durée (danser et dormir ne se font pas en un instant) – mais il nous parle d'un présent qui n'est pas au moment où il en

LE PRÉSENT COMPULSIF : « DÉPÊCHE-TOI ! »

parle. Il nous dit aussi comment il se comporte dans le présent de l'action, la permanence de sa façon de faire. Ainsi, il nous informe de la manière dont il vit, sous une forme qui peut paraître tautologique mais qui en dit beaucoup plus qu'elle n'en a l'air. Il nous instruit sur sa manière de vivre, il nous la transmet.

Proust commence *La Recherche* par la célèbre phrase : « Longtemps, je me suis couché de bonne heure. » Il annonce immédiatement qu'il va nous parler d'un temps révolu, mais la narration se fait au moment où il la pense dans son présent. La remémoration est actuelle. Il transmet d'emblée l'écart entre les événements du récit et le moment où il raconte. Il introduit donc la possibilité de la transformation. Montaigne, lui, réduit l'écart grâce au terme « quand », qui ne dit pas s'il s'agit du passé, du présent ou du futur. Avec « longtemps » associé au passé composé, Proust pose d'emblée une autre approche du temps : celle du temps qui passe. Les vécus temporels de l'un et de l'autre diffèrent : la nostalgie et la durée sont dominantes chez Proust, alors que Montaigne préconise d'être à ce que l'on fait au moment où on le fait.

Ces deux approches de l'expérience vécue ne sont pas pour autant contradictoires. Montaigne nous parle de l'attention au moment présent, et Proust de la remémoration qui donne le sens singulier à ce vécu propre. Cet après-coup n'est autre que le futur de l'expérience vécue. Sans ce travail de retour, le présent est insignifiant, dans la mesure où il ne s'inscrit pas comme référence pour les événements futurs. Le présent reste éphémère et ne se place pas dans une continuité temporelle évolutive. La durée est la combinaison de ces deux temps : celui où l'événement a lieu (présent) et celui où on se le remémore (présent du passé). Mais, pour accéder à la continuité et au sentiment sécurisant que la vie a un sens, il est nécessaire qu'une troisième dimension temporelle s'ajoute aux deux premières : l'attente (le futur dans le présent contenant le passé). « Car ce sujet que je suis peut également faire trois choses : attendre (*expectare*), se souvenir (*meminisse*) et être attentif à (*attendere*), qui sera la modalité du présent », résume le philosophe François Jullien. Ce sont ces opérations qui vont donner la notion du temps.

Qu'en est-il, dans notre société de l'urgence et de l'éphémère, de la pratique de ces trois opérations qui permettent de vivre « à propos », selon la formule de Montaigne ? Qu'en est-il de l'alternance entre différents moments, qui fonde la discontinuité, la variété d'expériences, le temps consacré à s'en souvenir et à attendre ce qui va venir ?

J'ai l'impression de parler d'une époque révolue, celle où la concentration et la rêverie avaient chacune leur « temps », où l'ennui favorisait ces constructions de récits imaginaires, conjugaison des temps. Dans la société de l'urgence, *les* temps font la place à *un* temps, dans lequel s'enchevêtrent chaotiquement différents moments que nous dévorons à la manière de Chronos/Kronos, et nos enfants avec… Depuis quand mangeons-nous d'une main dans la rue en téléphonant de l'autre ? Depuis quand les enfants font-ils leurs devoirs devant un écran, un casque à musique sur la tête ? Depuis quand n'ont-ils plus le temps de s'ennuyer ? Depuis quand la temporalité est-elle immédiate, « intemporelle », comme le dit Nicole Aubert ?

LE PRÉSENT COMPULSIF : « DÉPÊCHE-TOI ! »

En 1935, quand Paul Valéry assurait : « Nous ne supportons plus la durée », cette durée existait encore. La religion était encore très présente dans la vie quotidienne, et sa pratique régulière, rythmée par les offices, rappelait que la vie éternelle n'était pas sur terre. La technologie n'avait pas produit son effet tout-puissant de réduire le temps et l'espace. La publicité (les « réclames », à l'époque) ne répondait pas encore massivement aux questions qu'on ne s'était même pas encore posées en termes de besoins. En cherchant bien, nous trouverions encore d'autres exemples, mais peu importe. Si nous ne supportions plus la durée, du moins existait-elle. Où est-elle passée ? Dans l'immédiateté confondue avec l'éternité d'un présent perpétuel, dont l'intensité quantitative donne l'illusion de s'affranchir de la mort. La quantité, maître-mot du soi-disant bonheur. La qualité ? Inutile, ça ne dure pas. Il faut jouir de l'instant. Même pas vibrer : vibrer, c'est déjà trop, ça dure…

La plainte est là pourtant, parfois : « Je n'en peux plus, je vais craquer… » Mais, à peine requinqué, l'individu qui a fait l'expérience de ce « trop » reprend le collier du « tout au présent ». L'expérience n'a pas produit de sens. On n'a même pas pris le temps de se pencher sur la question ; quelle question, d'ailleurs ? C'est comme ça, on n'y peut rien. C'est ça ou être largué, broyé par la machine à sélectionner les plus résistants. Sisyphe n'est pas loin, et l'absurdité de la vie avec. Et les enfants ? Qu'est-ce qu'ils font là ?

Parler : penser et échanger le temps

> « *Je m'appelle Manège, j'ai neuf mois et je pense quelque chose que je ne sais pas encore dire. Entrez dans ma tête.* »
>
> Christian Bobin, *Tout le monde est occupé*

Les mots ne sont pas là d'emblée. Les pleurs, oui. Ils ont tout de suite un sens pour celui qui les entend. L'autre s'en fait l'interprète : « Tu as mal au ventre, je vais te masser ; tu as faim, je vais te nourrir ; tu es fatigué, je vais te bercer et te coucher... » « Tu » et « Je » sont engagés dans ce dialogue/monologue qui introduit le sens entre les deux êtres en présence, le grand et le petit. Le grand est supposé savoir ce que le petit lui signifie. L'écart est là. Celui qui interprète parle de son expérience et de l'empathie qu'il a pour le petit, qui n'a pas les mots. La dépendance est là, la transmission aussi.

Le temps de l'*infans* est un temps sans parole. C'est le temps du corps, plus que jamais. L'adulte qui a acquis le langage est le porte-parole de cette période. Un traducteur, en somme. Parfois, la traduction n'est pas bonne et la discordance s'installe. Comme si deux musiciens ne jouaient pas la même partition, la cacophonie s'installe avec le désaccord. L'accord ne peut venir que de l'adulte

LE PRÉSENT COMPULSIF : « DÉPÊCHE-TOI ! »

et de sa capacité à s'approcher au plus près de l'infantile de son bébé en traduisant son corps en mots. C'est le réveil de son propre infantile, auquel il se laisse aller, qui lui permet de raconter son expérience par ce qu'il comprend de ce qui se passe dans le présent pour son bébé.

Il n'est pas question de vérité, on s'en doute. Il est juste question de faire circuler, de mettre en mouvement, de surprendre, d'activer le sens. Quand l'autre parle, c'est toujours une surprise, pour celui qui écoute mais aussi pour celui qui émet. « Ce n'est pas ce que je voulais dire ! » : consciemment peut-être, mais la parole qui échappe n'est-elle pas, comme le lapsus, celle qui, venue de loin, surprenante, s'est soustraite au contrôle du raisonnement ? Parler est risqué, mais la vie, c'est le risque. À l'instant où une phrase commence à être énoncée, la suite ne présente aucune garantie et filera plus vite que la volonté. Le moment où nous parlons est un présent réactualisé. Celui de l'expérience du corps de l'*infans* retranscrit en signes. C'est tout le travail de symbolisation précoce, accompli par l'expérience physique mise en mots par la mère, qui permet l'accès au sens et l'entrée dans le mouvement de la pensée.

Mme P. consulte pour elle-même, mais comme personne ne peut garder sa petite Perrine, quatre mois, elle l'emmène au premier rendez-vous. Elle ne m'a pas prévenue et je me retrouve devant le fait accompli. Pendant l'entretien, je fais la remarque à la maman que Perrine est bien mignonne de ne pas la solliciter pendant que nous parlons. En effet, Perrine n'émet pas un son. Je la vois chercher par moment le regard de sa mère, qui ne la regarde pas et me parle d'un ton monocorde. Son discours est très factuel. Elle raconte son quotidien sans parler d'elle ni de sa famille et ne prononce pas le nom de Perrine. Elle l'appelle « le bébé ».

Je trouve Mme P. très déprimée. Sa façon de parler sans affects, qui ne provoque en moi que très peu de représentations, m'amène à penser que c'est à ce type de discours que Perrine est confrontée pendant les échanges avec sa mère. À la suite de ma remarque sur la sagesse de Perrine, Mme P. me dit qu'elle a de la chance d'avoir un bébé si calme qui ne réclame jamais : « On ne l'entend pas et il m'arrive de l'oublier. » « Elle n'est pas comme moi », dira-t-elle : sa mère lui a toujours dit qu'elle était un bébé difficile qui a hurlé et peu dormi pendant des années. Cette femme est décédée peu de temps avant la naissance de Perrine, ce qui a beaucoup affectée Mme P. Elle se demandait si elle n'avait pas réduit l'espérance de vie de sa mère en la fatiguant dès sa naissance.

En disant ces mots, les larmes affleurent et l'émotion de Mme P. est sensible. Perrine, qui était jusque-là aussi peu expressive que sa mère, se redresse et émet des sons que j'interprète comme interrogateurs, accompagnés d'un regard soutenu en direction de sa maman. Celle-ci tourne la tête vers elle et lui sourit à travers ses larmes, engageant un début de dialogue avec caresses auquel Perrine répond par des sons prolongés et plutôt joyeux accompagnés de mouvements toniques du corps en direction de sa mère. Le dialogue étant établi, les questionnements sur cet échange peuvent avoir lieu. Que voulait dire Perrine ? Que croyait Mme P., sur ce que ressentait sa petite fille quant à ses propres émotions ? Pourquoi voulait-elle la préserver de ces variations

LE PRÉSENT COMPULSIF : « DÉPÊCHE-TOI ! »

émotionnelles et des paroles qui peuvent les soutenir ? D'autres questions encore, sur chacune d'elles, à chacune d'elles et entre elles ont instauré un dialogue devenu complice. Très vite, Perrine est devenue plus vivante et sa maman aussi. Renarcissisée, se sentant bonne mère, Mme P. s'est sentie mieux et capable de travailler cette culpabilité morbide réveillée par la mort de sa mère et la naissance de sa fille. Elle a pu modifier ses représentations mortifères et en parler à Perrine. Très réactive, Perrine a étonné sa maman, qui a pu imaginer que sa fille la comprenait. Au bout d'un moment, Mme P. a pu venir en psychothérapie sans Perrine, mais elle se faisait ensuite un plaisir de lui raconter ce que bon lui semblait des séances « chez la dame des bobos du cœur ».

La pensée et la créativité ne s'accommodent pas de la répétition. J'entends par répétition le « pareil au même », l'habituel, l'invariable qui exclut l'inattendu. Certitude et pensée ne font pas bon ménage. En revanche, tout ce qui vient bousculer l'ordre établi mobilise la capacité à penser et à « travailler », au sens de produire un effort de compréhension, de création. La parole de l'autre est le premier et le plus simple outil de mise en mouvement de la pensée. La parole questionne. Nul besoin que la phrase soit interrogative, elle questionne en soi puisqu'elle est imprévisible. Elle questionne le présent du mot et le futur proche de la phrase, elle titille la pensée qui va amener la phrase de l'interlocuteur, et ainsi de suite. C'est ce que l'on appelait jusqu'à peu la communication. Aujourd'hui, un glissement sémantique a galvaudé le sens de ce terme, qui se rapporte à tout ce qui sort de la

ATTENDS... DÉPÊCHE-TOI !

bouche ou du clavier de tout un chacun, sans s'adresser à un interlocuteur précis.

On « communique » sans cesse, dit-on. On informe plutôt, de mon point de vue. On peut bien sûr penser le contenu d'une information, là n'est pas le problème. Il est plutôt de croire que l'information peut remplacer la communication. En d'autres termes, peut-on penser hors d'une relation à autrui, c'est-à-dire sans débattre, sans donner son point de vue ? La position passive dans laquelle met le discours informatif ne permet pas de dérouler la pensée et d'en « découdre » avec l'autre, de défaire un point de vue antérieur pour le transformer à la faveur de ce que l'autre amène comme idée.

Osons la comparaison entre la lumière et la parole : nous savons que la lumière qui nous arrive du Soleil a été émise il y a fort longtemps et que les étoiles que nous voyons briller sont parfois déjà mortes. De même, la parole prend sa source à une époque révolue. Lorsque nous parlons, nous utilisons des mots acquis avant même de les comprendre. Notre sens du langage s'est construit avant que nous ne disposions du bagage verbal suffisant pour parler.

Quand les enfants présentent des troubles de la parole ou du langage, on est déjà dans l'après-coup de la genèse du trouble. Si je me fie à la pratique que j'ai acquise avec les enfants présentant ce type de troubles, les premières expériences (la rencontre avec l'autre) jouent un rôle essentiel dans la qualité de ces apprentissages. On retrouve de manière très significative des mères déprimées, débordées ou frustrées, sur le plan narcissique pendant les premiers mois de la vie de l'enfant. Elles décrivent des soins donnés correctement mais sans

LE PRÉSENT COMPULSIF : « DÉPÊCHE-TOI ! »

le plaisir de s'y consacrer. Exténuées, se sentant seules, incapables ou privées de leur liberté, le cœur n'y est pas, même si le bébé reçoit les soins corporels nécessaires. Or, la qualité du lien que nous créons avec nos nouveau-nés est fondamentale pour le développement du petit homme, bien au-delà de ce que nous imaginons souvent : outre les apprentissages, c'est l'intérêt de l'autre et pour l'autre qui s'ébauche à ce moment-là et qui assurera les assises identitaires. La parole maternante joue un grand rôle fondateur. C'est la parole vivante, la parole de l'invention de l'autre partagée, la parole qui rend vivants les êtres et leur relation.

Alors, que dire d'une société qui fait croire aux mères qu'elles sont indispensables au bureau et qu'une femme moderne et responsable est une « Wonder Woman » qui ne se laisse pas aller à prendre son congé de maternité ?

« Qui va payer nos retraites ? », s'inquiète-t-on d'un côté, tandis que, de l'autre, on ne vous embauche pas si vous prévoyez d'avoir un enfant. Discours paradoxal s'il en est, dont les jeunes femmes sont abreuvées. Certaines arrivent à tenir, mais beaucoup s'entendent elles aussi adresser à leurs enfants des messages paradoxaux – « Attends ! Dépêche-toi ! » – plus souvent qu'elles ne le voudraient.

Voici un fragment d'entretien que j'ai bien souvent vécu :
– Vous avez reparlé de ce que nous avons évoqué à la dernière séance ?
– Non, nous n'avons pas eu le temps. Nous avions pris chacun notre voiture et ensuite, il fallait dîner, coucher les enfants, et la semaine a passé vite... Il n'y a qu'ici qu'on peut se poser, qu'on peut parler.

De même, beaucoup d'enfants disent : « Mes parents, ils n'ont pas le temps, ils ont des choses à faire… » Aucun reproche, simplement un constat ; et surtout « ne pas déranger », ça pourrait être pire. Quoi donc ? Les cris, les disputes… Autant ne rien dire, alléger les souffrances des parents, ne pas en rajouter mais… ne pas grandir non plus.

« Il veut prendre la place de son père, mais il joue au bébé, c'est pour cela qu'on vous l'amène » : s'ensuit une description de vie de famille, où la parole n'a de place que pour donner des ordres ou informer. Les souvenirs se rapportant à l'enfant avant le début des symptômes sont d'ordre factuel (« Vous voulez le carnet de santé ? »). Le temps est linéaire dans la tête des parents : c'est celui des horloges. Plus le temps de s'autoriser à subvertir ce temps de l'urgence qui dirige la famille. Et si on se posait ?

Couple et famille : à quoi joue-t-on ?

> « *On ne connaît que les choses que l'on apprivoise, dit le Renard. Les hommes n'ont plus le temps de rien connaître. Ils achètent des choses toutes faites chez les marchands. Mais, comme il n'existe point de marchands d'amis, les hommes n'ont plus d'amis.* »
>
> Antoine de Saint-Exupéry, *Le Petit Prince*

Au commencement est le regard. Les regards ! Ils se croisent et ne font plus qu'un au point de rencontre. C'est ce que l'on croit. Certains appellent cela le coup de foudre. C'est dire l'instantanéité, le choc de la rencontre. Il n'y a plus rien d'autre que l'éclair. Le temps réduit à sa plus simple expression. D'autres font durer : les regards s'évitent et se cherchent à la fois ; ils finissent par se rencontrer et la partie commence. Les présentations sont faites inconsciemment, les mots suivront, ils confirmeront ou infirmeront l'« évidence » de la rencontre. Des retrouvailles, plutôt, mais cela, les futurs partenaires l'ignorent !

« J'ai un amoureux ! », « Je suis amoureuse ! » : deux façons différentes d'annoncer la même chose ? Pas tout à fait. Être et avoir ne parlent pas de la même chose.

« J'ai un amoureux » donne une place imaginaire à l'autre plus importante que « Je suis amoureuse », qui ne traduit que l'état de la personne qui parle.

Premiers regards, premiers mots, la partie est engagée sur un terrain inconnu des partenaires, sans parler de l'issue ! Car il s'agit d'un jeu, c'est certain. En tout cas, dans nos sociétés où les mariages arrangés n'ont plus cours, le jeu de l'amour (et du hasard ?) laisse Cupidon décider du choix du partenaire. Partenaire... Le même terme pour le jeu que pour le couple. L'amour est bien du côté du jeu. Du *play* ou du *game* ? Nous n'avons qu'un mot en français, pourtant les deux jeux sont bien différents. Le *play* fait référence à la distribution de rôles imaginaires, à la construction de scénarios, alors que le *game* annonce le match, le gagnant/perdant de la partie. Deux jeux qui, finalement, ont bien peu à voir l'un avec l'autre et qui ne sollicitent pas les mêmes capacités créatrices.

Le jeu imaginaire, le *play*, est un jeu de « faire semblant », d'imitation, comme le jeune enfant qui joue à la marchande ; un jeu de désir de prendre la place de l'autre et de faire jouer au partenaire la place qui correspond aussi à son désir. Une anticipation sur un réel encore virtuel, à venir. Le jeu de société, le *game*, fait appel à la stratégie et à la compétition pour être le meilleur « pour de vrai ». Dans le premier cas, le plaisir du « comme si » est le but du jeu. Dans le second, c'est la réalité d'un pouvoir, une confirmation de soi dans un espace-temps artificiel. Le jeu copie alors symboliquement l'aspect compétitif de la société – ce n'est pas pour rien que le jeu s'appelle « jeu de société » – avec des règles imposées.

LE PRÉSENT COMPULSIF : « DÉPÊCHE-TOI ! »

On continue souvent à jouer au jeu de société en grandissant, alors que le jeu imaginaire, qui renvoie à un stade plus ancien du développement de la personnalité, est abandonné avec l'âge, et c'est bien regrettable. C'est sous la forme de nostalgie bien souvent inconsciente que l'enfance fait son retour chez les couples qui consultent pour difficultés conjugales. Car, passée la période merveilleuse d'idéalisation, où le plaisir/jeu (*play*) est retrouvé quand les partenaires se parent de qualités qu'ils n'ont pas forcément, la réalité reprend ses droits et le regard sur l'autre risque fort de se ternir. Cette première phase d'idéalisation est indispensable et nécessaire pour construire les bases du futur couple durable. Elle se fait à l'insu des partenaires, qui croient à la réalité du prince et de la princesse (charmants, bien sûr !). J'ai expliqué dans mon précédent ouvrage, *Le Prince charmant et le Héros*, combien l'enfance et les identifications, en particulier aux parents, étaient décisives dans le choix des partenaires et le mode de relation qu'aurait le couple, en positif ou en négatif. La « collusion inconsciente » définit l'articulation des problématiques communes à la base de l'attrait mutuel. On ne s'étonnera pas qu'en allemand ce concept se traduise *Zusammenspiel* (jeu ensemble). Cette collusion n'a rien de pathologique. Pour le psychiatre et psychanalyste Jean-Georges Lemaire, « elle contribue à l'organisation initiale des liens et des attraits et se renouvelle en se réorganisant sous une forme ou une autre chez les couples qui persistent ». Il ajoute que, sans ce jeu souple, réciproque et renouvelé, les conflits répétitifs s'installent et bloquent l'évolution individuelle, comme l'organisation libidinale.

Le jeu de société a peu à voir avec ce jeu-là et « l'on peut tenir les jeux (*games*) avec ce qu'ils comportent d'organisé, comme une tentative de tenir à distance l'aspect effrayant du jeu (*playing*) », comme l'écrit Winnicott. Le jeu amoureux, comme le jeu du « faire semblant » de l'enfant, n'a pas de règles définies, pas de dialogues pré-écrits. À chaque instant, on avance dans l'imprévisible de l'attitude et du comportement de l'autre. On peut être déçu et décevoir, c'est certain, mais l'art de faire durer le jeu (donc le plaisir) est intimement lié à la créativité, à la place laissée à l'autre dans sa différence, à la capacité à se nourrir de ce que le partenaire apporte de nouveau et non pas, comme on pourrait le croire, à la bonne gestion de la relation ou du quotidien dans son aspect matériel. Bien jouer dans un jeu de société, comme en affaires, c'est avoir une bonne stratégie, bien calculer, être efficace pour atteindre un but. Rien à voir avec la vie affective tout entière, vouée à se vouloir du bien, les uns aux autres mais aussi à soi-même (en italien, « je t'aime bien » se dit « *ti voglio bene* » : littéralement, « je te veux du bien »).

On peut comprendre d'où vient la nostalgie de l'enfance chez certains adultes. Dans l'enfance, le jeu n'engageait pas la relation comme à présent : si cela ne se passait pas comme on voulait, on jouait à autre chose (« Je joue plus ! »), on changeait de partenaire (« T'es plus ma copine ! ») ou on négociait (« Bon, d'accord... »). Le jeu de l'enfant est un moment subjectif où il s'essaie à être un autre vu par lui-même. Il peut ainsi changer de point de vue (être le bon ou le méchant) et de place générationnelle (être un adulte ou un bébé). La vie personnelle, dans la réalité, n'est que provisoirement affectée, même si le chagrin peut être intense sur le coup. Enfants, on se rabibochait le plus souvent. À présent, l'exigence n'est plus la même. Soit on rompt vite, et on ne peut pas vraiment parler de couple, soit le couple dure, devient souvent famille, et la capacité à créer ensemble réclame alors de pouvoir transformer la réalité extérieure en expériences partagées dans un espace de rêverie commun proche de celui qui existe entre la maman et le bébé. Cela implique une confiance mutuelle et une relation qui soit spécifique, ce qui se traduit par une sexualité et une intimité privilégiées. C'est cette confiance qui forme le contenant de la rêverie et de la vie fantasmatique du couple. Si l'un des partenaires ne sait pas ou ne veut pas/plus jouer, non seulement le couple est mis en péril, mais il offre à l'enfant qui joue[1] un modèle qui propose le conflit ou la rupture plutôt que le compromis.

Face à la recrudescence des relations de couple éphémères, on peut se demander ce qui motive le choix d'un partenaire, ce qui anime la représentation du couple et ce que chacun en attend et y apporte. La satisfaction immédiate ? L'engagement à long terme ? La société marchande a sans aucun doute participé à la modification de la famille comme institution. Encouragés à jeter des produits à l'obsolescence programmée, entraînés dans la spirale individualiste, nous avons petit à petit appliqué aux personnes le sort réservé aux objets. Le Renard du *Petit Prince* le constatait déjà en 1946 ! Que dirait-il à présent ? On ne s'attache plus autant à ce

---

1. Freud disait : « Quand un enfant joue, il joue toujours à être ses parents. »

que l'on a, même si on l'a choisi, et tout est interchangeable.

Dans une société « malade de la gestion », selon les termes de Vincent de Gaulejac, la vie de couple et de famille ressemble beaucoup à une entreprise dans laquelle il faut réussir ou déposer le bilan. Les registres vie privée/vie publique sont de moins en moins distincts ; le temps et l'espace consacrés à la vie psychique et affective du groupe familial et de ses membres se réduisent comme peau de chagrin, au profit de l'activité, voire de l'activisme. La compétence, l'efficacité, l'organisation, l'investissement se sont substitués au désir, à l'affection, à l'échange et au partage. Les relations « débit-crédit » envahissent la sphère familiale, qui ressemble davantage à une juxtaposition d'individualités qu'à un groupe ayant un lien d'appartenance spécifique. Cependant, les occasions de frustrations ne manquent pas, chacun continuant à attendre des autres membres qu'ils lui donnent satisfaction. Les règles de fonctionnement ne sont plus partagées, la loi qui doit être exercée par les parents n'est plus respectée : c'est chacun pour soi et le jeu est terminé ! Tout est bon pour faire « des histoires », mais l'histoire se délite en « débris du futur » (Paul Valéry), un futur peu attrayant.

Regardons les enfants jouer. Ce sont eux qui nous disent comment ils voient le monde que nous leur offrons et nous aident à comprendre, si nous le voulons bien, ce que nous leur transmettons. Freud définissait la normalité comme la capacité à aimer et travailler. Le psychanalyste René Kaës modifie la formule : aimer, penser, travailler, jouer.

LE PRÉSENT COMPULSIF : « DÉPÊCHE-TOI ! »

Capucine a onze ans. Ses parents se séparent alors qu'elle entre au collège. Cela ne l'étonne pas, mais se soumettre à leur décision est difficile. Capucine a un fort caractère et n'a pas l'intention de rester neutre dans cette affaire. Certes, son père n'était pas beaucoup présent à la maison, mais que sa mère décide de le quitter, c'est autre chose. Capucine n'aura de cesse, jusqu'au divorce, d'attirer l'attention de l'un et de l'autre, de devenir « l'empêcheuse de tourner en rond ». Elle en veut à ses parents de déséquilibrer sa vie. Alors elle fait de même : elle refuse la garde partagée, veut aller habiter tantôt chez l'un, tantôt chez l'autre. Elle perd les clés des deux maisons, se blesse suffisamment pour aller aux urgences avec celui chez qui elle se trouve et, bien sûr, pique des colères très difficiles à calmer. Au collège aussi, elle se dispute avec toutes ses amies, ne sait plus à qui elle doit faire confiance. Seul son travail scolaire reste de bon niveau. « Ça, j'y tiens ! », dira-t-elle.

Capucine a perdu, avec la certitude d'une permanence familiale, la confiance dans les autres. Cette séparation est un véritable raz-de-marée qui l'oblige à accentuer son opposition aux autres et sa victimisation pour pouvoir jouer un rôle dans cette histoire et ne pas simplement subir, être hors jeu. Du coup, elle se met à la place de la méchante, espérant ainsi être prise en compte par ses parents et éventuellement les faire changer d'avis. Trop jeune pour accepter que les parents ne soient pas que des parents, mais assez grande pour imaginer qu'elle a du pouvoir sur eux, elle « joue » au trublion, à celle qui fait des histoires pour annuler la réalité de ce qui est pour elle un drame.

ATTENDS... DÉPÊCHE-TOI !

Ce comportement fréquent est souvent mal interprété par les parents qui y voient à tort des façons de prendre parti pour l'un ou contre l'autre. Ils ne comprennent pas que l'enfant tente d'échapper à la passivité. Se sentant abandonné, il se donne un rôle qui lui permet de croire au moins en lui.

L'effacement des générations : le culte du « moi tout seul »

> « *On oublie aisément ceux qui vous ont précédés et ceux qui suivront ; les proches seuls intéressent.* »
>
> Alexis de Tocqueville,
> *De la démocratie en Amérique*

Visionnaire, Tocqueville ? Ou la société américaine avait-elle tant d'avance sur la vieille Europe qu'en 1830 déjà, elle amorçait la naissance de l'*homme-présent*, alors même que la révolution industrielle projetait ce même homme dans l'avenir ? En ce qui concerne la question du temps, tout est affaire de relativité, sans vouloir faire de jeu de mots. Tocqueville a certainement reçu un choc lors de son expérience américaine. La comparaison entre les deux sociétés est sans doute à l'origine de ces propos qui paraissent après coup prémonitoires.

En bannissant le temps long de nos façons de vivre, nous avons bien sûr touché les domaines nécessitant la durée : « famille, religion, thérapie, littérature », cite Nicole Aubert. Le temps long se maintient encore dans ceux qui concernent la dimension narcissique de l'individu, ce que l'on a coutume d'appeler sa « réalisation », utilisant là un terme un peu flou. C'est le culte de l'homme seul, dont les satisfactions ne souffrent pas de délai et qui veut maintenir un état sans frustration. Il n'est pas question de s'encombrer la vie de la réalité de descendants et d'ascendants qui réclament de l'attention à long terme ; pas question non plus d'être dans la préoccupation mentale ni de prendre trop sur son temps propre pour s'intéresser à eux, échanger avec eux.

Je force le trait mais, dans mon travail thérapeutique avec les familles, je constate cette tendance à déléguer le « faire grandir » à des éducateurs extérieurs à la famille. Comme si le lien générationnel ne se justifiait plus dans cette fonction et que la transmission du monde se faisait aussi bien ailleurs (à l'école, à la télé, par les pairs…). À l'horizon de la famille du XXIe siècle se dessine un rôle parental réduit à être là « au cas où ». La perte du sentiment de filiation au profit de celui d'affiliation[1] y est certainement pour quelque chose. Or, le sentiment de filiation est une source d'émotions, positives et négatives, liées à la mémoire, à l'histoire familiale. Il est aussi une source de conflits émotionnels qui apprennent à composer avec autrui, en tant qu'individu et en tant que groupe familial particulier, premier groupe d'appartenance de l'enfant, auquel il est confronté avant l'entrée à la crèche ou à l'école.

La famille n'est pas seulement un ensemble de personnes hiérarchisées dans le temps et les fonctions, mais un groupe dans lequel circule l'histoire du nouveau venu. Celui-ci prend place dans l'histoire maintes fois

---

1. Voir le chapitre « Le passé composé : structure familiale et liens », p. 100.

LE PRÉSENT COMPULSIF : « DÉPÊCHE-TOI ! »

remaniée de ses ascendants et de ses pairs, histoire qu'il transforme lui-même dans l'interaction avec eux. On peut apprendre l'histoire de sa famille par des faits, des dates, comme on apprend l'histoire d'un pays. Mais cela ne relève que du savoir. C'est ce que j'appelle une information. Et une information ne prend de sens que lorsqu'elle est émise par quelqu'un qui la transmet avec émotion, avec ses représentations propres, qui provoquent des émotions chez son interlocuteur. La vérité importe moins que la modification que cela va produire sur celui qui raconte et sur celui qui écoute, qui questionnera et remodifiera ainsi le souvenir du précédent. Cela s'appelle l'intersubjectivité : les mouvements affectifs entre deux personnes différentes qui dialoguent et dont chacune a son désir et sa place propres.

Les enfants modifient les parents, et inversement. Chaque génération en présence combine ses souvenirs et façons de voir avec ceux des autres, ce qui complexifie la transmission, qui ne s'arrête pas à un modèle horizontal ou vertical. L'arbre généalogique donne des repères chronologiques et des liens de parenté, mais pas la qualité réelle ou imaginaire des liens affectifs qui conservent vivante cette histoire familiale. C'est ce que nous appelons en thérapie familiale le génogramme, introduit en France par Évelyne Lemaire. Il s'agit de la représentation graphique d'une famille, transcrivant à la fois les liens de parenté (généalogie) et les relations réelles et imaginaires que chacun attribue aux différents membres. Les lapsus graphiques, oublis, chevauchements de générations, erreurs sont interprétés comme les éléments fondateurs de l'actuel familial. Le génogramme se construit au cours des séances et s'y remanie. Source d'avis divergents, il permet d'exprimer à partir d'un objet commun les différences de souvenirs et de points de vue. À ce titre, il donne l'occasion de raconter ensemble l'histoire de la famille, et d'en refaire un objet de transmission en « remaillant » le tissu familial, selon le terme du psychiatre et psychanalyste Pierre Benghozi. Filiation et affiliation se reconstruisent. Les identités individuelles et groupales se renforcent et renforcent le sentiment d'appartenance.

Un autre point non négligeable dans le travail avec un génogramme est de faire évoluer les représentations au fil des séances, de confronter les points de vue. Cela familiarise avec le remaniement de la pensée et le fait que penser transforme le souvenir et la vision des choses. Les représentations liées aux affects s'inscrivent dans la mémoire comme une expérience propre qui nourrit l'avenir. Lors du tracé d'un génogramme, la trace est déposée sur le papier et dans la mémoire de chacun, partageable. Nous pouvons dire que c'est une culture familiale qui se constitue à ce moment-là.

L'effacement des générations est un des effacements de la différence. La société de consommation s'y attelle depuis au moins un demi-siècle. On peut se réjouir que les grands-mères ne soient plus vêtues d'un tablier noir et coiffées du même chignon, là n'est pas le problème ! Il réside plutôt à faire table rase du passé. Si l'histoire commence maintenant, il n'y a d'histoire que celle qui est en train de se faire, vis-à-vis de laquelle nous n'avons pas de recul ! Bien sûr, cela ne se passe pas tout à fait ainsi, je caricature. Mais, en même temps, ce goût pour un présent absolu (utopique), maîtrisé, indépendant,

LE PRÉSENT COMPULSIF : « DÉPÊCHE-TOI ! »

s'affirme comme un progrès dans le domaine de la liberté. Certains patients voient en l'ascendant la source de leur mal-être. Leur souffrance est bien réelle et ils évoquent davantage les autres qu'eux-mêmes : ils parlent de leurs parents comme de pairs, en termes de contraintes. J'ai parfois la vision étrange que, pour qu'ils puissent vivre, il faudrait qu'ils restent les derniers debout sur un champ de bataille, où tous les autres protagonistes, alliés ou ennemis, seraient à terre, abattus les uns après les autres. Ce fantasme, qui peut paraître horrible, est à prendre comme la métaphore d'un survivant dans un désert humain, dans un monde hostile. C'est le sentiment identitaire et le sentiment d'appartenance qui sont en cause dans ce tableau apocalyptique qui surgit en moi. Seule solution, retrouver en l'adulte qu'est ce patient l'enfant en lien avec son histoire, avec de vrais ascendants qui sont son futur antérieur. Faulkner disait : « Le passé ne meurt jamais, il n'est même pas passé. » L'admettre et participer à sa transformation seraient d'une grande sagesse et peut-être un remède au défaut d'avenir.

Vouloir la paix, « tout seul peut-être, mais peinard », comme chantait Léo Ferré, est une revendication qui signe le mal-être. Une forme de pirouette, de tentative pour éviter de se confronter à ce qu'il faudrait assouplir pour être bien avec autrui. La fragilité narcissique est trop importante chez ces êtres, qui se sentent envahis parce qu'ils ne peuvent pas mettre de limites, dire non, sans crainte d'être abandonnés, alors qu'en apparence l'arrogance et la maîtrise dominent. L'énergie dépensée à se défendre d'autrui ne l'est pas au service de la satisfaction d'exister à la fois avec et sans les autres. Quand l'histoire familiale n'a pas joué son rôle de socle, il est beaucoup plus compliqué, face aux autres, de ne pas se sentir fragilisé. Le présent se fige en un présent de défense contre un ennemi inconnu, comme dans le roman de Dino Buzzati, *Le Désert des Tartares*. Vie solitaire, absurde et dérisoire qui fait croire qu'on s'en sort mieux que les autres dans une agressivité imaginaire qui ne s'écoule que dans le monde virtuel de la forteresse de carton pâte. La défaillance du générationnel est bien souvent à l'origine de ce mode d'être.

– On m'empêche de faire ce que je veux !
Tel est le motif de la consultation d'Antoine.
– Qui, *on* ?
– Tout le monde. Les femmes surtout, depuis toujours, à commencer par ma mère. Elles veulent m'obliger à vivre comme elles veulent, je dois suivre !

Antoine ne parvient pas à dire ce qu'il souhaite, encore moins à dire non. Il fuit l'idée d'un hypothétique conflit. Il fuit même les mots qui s'y rattachent et font surgir des représentations de contraintes qui l'effraient. Antoine évite. Il ne répond pas au téléphone, ne dit pas où il est, ne veut pas rendre de comptes. Comme il serait pour lui trop violent de dire non dans la réalité, son agressivité passe dans le registre imaginaire : il invente des scénarios qui justifient à ses yeux qu'il se rende inaccessible à l'autre, ce qui est pour lui une grande source de satisfaction.

Antoine vit seul, après avoir eu une vie de couple insatisfaisante qu'il ne supportait que grâce à un travail très prenant. Avoir enfin son univers dans lequel il peut

LE PRÉSENT COMPULSIF : « DÉPÊCHE-TOI ! »

bricoler à son aise, laisser son matériel étalé, est pour lui une revanche sur sa vie. Comme quand, jeune homme, il avait enfin eu sa chambre à lui. Il a l'impression de faire ce qu'il veut et surtout d'annuler ce à quoi ses parents puis son épouse et d'autres amies ont voulu le soumettre : leur volonté.

Pour que son système fonctionne, Antoine est contraint de vivre seul. Car, dès qu'il tente une nouvelle relation affective, l'envahissement est trop grand (même sans cohabitation) et il doit se mettre en position de défense face à un ennemi imaginaire. Bien qu'étant un homme mûr, Antoine raisonne toujours comme un enfant devant se soumettre à une loi (parentale) implacable : la raison du plus fort imaginaire.

Déserter l'affectif, ne pas s'y laisser aller, est son combat qui persiste depuis la petite enfance. Combat qui reste imaginaire, « pour être peinard » !

L'enfant roi, l'enfant tyran, alimentent régulièrement les dossiers thématiques des magazines pour parents. Depuis la fin du XXe siècle, on assiste à un glissement du statut de l'enfant. Il est devenu une source de satisfaction narcissique telle qu'il a pour mission de combler ses parents, au point d'être nié dans son développement psychique. Il doit sauter les étapes de celui-ci au détriment de sa constitution d'être désirant, c'est-à-dire de sujet. Attention, danger : « Un enfant est encensé, il finit insensé. » (Paul-Claude Racamier)

Nier le développement psychique, c'est croire en l'immuabilité des êtres. « Toujours » est un mot du registre imaginaire qui dit de son locuteur le souhait inconscient de figer les choses une bonne fois pour toutes et de ne pas s'impliquer. Si l'enfant est décrit comme ayant toujours « fait la loi », c'est qu'il est resté l'enfant imaginaire, pas encore né, l'enfant idéalisé que ses parents rêvaient pour eux et qui gouverne les relations. C'est l'enfant tout-puissant que les parents n'ont pas réussi à être eux-mêmes. Qu'on se comprenne bien : dans ce cas, l'enfant imaginaire n'a pas cédé la place à l'enfant réel, avec ses caractéristiques propres, qui va un jour quitter le foyer pour vivre sa vie. Il reste un enfant de rêve censé compenser le manque affectif, les frustrations résiduelles de l'enfance de ses parents. Il est chosifié à son insu. Le rôle qu'on lui fait jouer, s'il s'y conforme, le rendra tyrannique et/ou souffrant de pathologies de la relation. L'incestuel commence là.

Pour plus de clarté, je tiens à préciser que l'incestuel n'est pas l'incestueux, au sens d'abus sexuel avéré. L'incestuel déplace le curseur du temps en court-circuitant la parentalité, en particulier la fonction paternelle. Cela peut concerner la relation de l'enfant avec son père, sa mère ou le couple parental comme entité singulière. Dans tous les cas, l'enfant est alors traité comme « la chose » du parent, qui n'a pas en tête la responsabilité qui lui incombe de s'intéresser à son avenir, de lui donner des limites, de lui transmettre qu'il a été petit et qu'il ne l'est plus. Dans le cas où l'incestuel prend place avec la mère, celle-ci nie en outre la loi du père, comme s'il n'avait été qu'un géniteur appartenant à un avant qui n'a plus cours. La famille incestuelle est celle où les différences de générations ne sont pas signifiées par les rôles, places et fonctions de chacun. On me rétorquera que, de nos jours, les pères sont peu présents, physiquement, à la maison. C'est vrai dans certains cas. Mais ce n'est pas le

LE PRÉSENT COMPULSIF : « DÉPÊCHE-TOI ! »

problème majeur. Au XIXᵉ siècle, la conception des rapports familiaux désignait le père, bien que peu présent, à la place du chef de famille qui dictait la loi. Je ne veux pas dire que c'était mieux. Je veux juste dire que l'absence de présence réelle n'est pas la seule justification à l'absence symbolique du père porteur de la loi.

Dans bien des familles, heureusement, le père absent garde sa place symbolique dans l'esprit de l'enfant grâce à la mère. Sinon, comment feraient tous les enfants de couples séparés ou ceux dont le père est décédé ? La situation est plus compliquée dans le cas des mères célibataires qui ont choisi de ne pas avoir de compagnon pour élever leur enfant (ou de compagne qui prendrait cette place). La situation de couple joue un rôle, bien sûr, mais, au risque de faire hurler certains, je maintiens que c'est la représentation que les parents ont de leurs places dans l'ordre des générations, de leur rôle et de leur fonction, qui tisse du lien à leur enfant, incestuel ou non.

Dans le cas d'une relation incestuelle, l'enfant est soumis à « la formidable contrainte paradoxale d'être tout en n'étant pas », selon les mots du psychiatre et psychanalyste Paul-Claude Racamier. La tyrannie de l'enfant est alors un signal d'alerte : c'est le symptôme de l'enfant qui n'est pas pris pour ce qu'il est et qui souhaite qu'on le remette à sa place. Mais si cela n'est pas fait suffisamment tôt, il ne pourra plus lâcher les bénéfices qu'il tire de cette place soi-disant toute-puissante d'adulte, alors qu'il sait bien qu'il est tout petit. Comment cet enfant pourrait-il encore avoir une perspective, alors qu'il a déjà atteint le but qui doit être différé à l'âge adulte : prendre la place de papa ou maman ? Il flotte tant bien que mal entre les deux eaux de l'enfance et de l'âge adulte. Car, aux yeux des autres, l'enfant reste un enfant, et l'école en particulier ne manquera pas de le lui rappeler. S'il ne se met pas en retrait pathologique, il a une chance de se rebeller contre l'incestualité familiale et on peut espérer que les soins thérapeutiques en viendront à bout.

Aucun enfant n'est conduit en consultation pour des troubles incestuels de la relation. Tout au plus, les parents évoquent une relation fusionnelle avec l'un ou l'autre. Ce sont les autres symptômes qui dirigent vers un tel diagnostic, une fois ces symptômes reliés à la demande formulée par les parents et à ce qu'ils disent eux-mêmes de leurs deuils non élaborés, de ce qu'ils attendaient de leur propre enfance.

On découvre des enfants au fonctionnement psychique adultomorphe, plaqué, qui génère un malaise. Ils sont parfois « déguisés » en adultes miniatures. Ils révèlent, par ailleurs, des failles dans la construction identitaire et donnent paradoxalement l'impression qu'ils sont tout petits, laissant un sentiment d'étrangeté.

L'incestualité est un fonctionnement familial. On ne peut pas le réduire à un épiphénomène dû à un trouble d'un des membres. Le travail thérapeutique concerne donc toute la famille. L'enfant n'est que le patient désigné qui peut stopper le fonctionnement mortifère inconscient. Les parents ne sont pas coupables. Ils sont pris à leur insu dans cette souffrance qui atteint les processus de pensée, la dynamique du plaisir, les perspectives d'avenir, qui fige le temps coincé entre attente et urgence.

Les atteintes de l'incestualité sont variables : les symptômes, outre les troubles du comportement et de la

LE PRÉSENT COMPULSIF : « DÉPÊCHE-TOI ! »

relation, peuvent apparaître à travers des échecs scolaires durables sans que les capacités de l'enfant en soient la cause, des mises en danger répétitives, des difficultés d'attachement et de prise en compte d'autrui... Le risque est que cela se dégrade en troubles graves de la personnalité, à l'adolescence.

La société marchande s'est emparée sans scrupule – à moins que ce soit inconsciemment – de cette tendance à faire des enfants des adultes miniatures. Les marques ont lancé des modèles de vêtements identiques pour mères et filles, confirmant symboliquement une dédifférenciation des générations. On a beau dire que l'habit ne fait pas le moine, le regard posé sur une fillette habillée en starlette séductrice ne peut qu'agiter des fantasmes sexuels dont elle ne devrait pas être l'objet. Que les mères (et les pères !) ne s'en aperçoivent pas laisse perplexe... Et que dire de ces salons de maquillage pour petites filles, qui proposent des mises en beauté jusque-là réservées à leur mère ? Il y a une grande différence entre chaparder le rouge à lèvres et les talons de maman (et se faire gronder, d'ailleurs) et être emmenée par elle dans ce genre d'établissement. Et qu'on ne vienne pas nous dire que c'est l'enfant qui l'a demandé !

Que penser d'une société qui joue avec ses enfants comme avec des poupées ? Quand va-t-elle leur arracher les yeux, parce qu'ils ne lui plaisent plus ?

La famille Y. consulte sur les conseils du pédiatre de Lou, douze ans. Celle-ci présente un surpoids important et un développement statural inférieur à la norme qui ne s'explique pas par des raisons médicales. Le médecin pense à un problème psychologique, qui pourrait être la conséquence de la séparation de ses parents lorsqu'elle avait huit ans. Les relations entre les parents restent conflictuelles depuis quatre ans. Ils acceptent cependant une consultation familiale, dans l'intérêt de Lou.

Ma première impression est celle d'une étrangeté. Lou marche en tête, devant ses parents et ses frère et sœur. Elle est en effet très petite et très ronde pour son âge, mais surtout, elle est habillée d'une façon curieuse qui met mal à l'aise. Il est difficile de savoir si elle est déguisée ou si elle est allée au collège dans cet accoutrement : chemisier en soie rouge au-dessus du nombril, pantalon corsaire moulant à motifs noir et blanc, sandales à talons compensés, et dans les cheveux, qu'elle a longs, un gros nœud rouge à pois blancs agrémenté de dentelle. Elle porte également un sac à main verni. Ses yeux sont maquillés de noir et ses ongles recouverts d'un vernis violet.

Lou s'assoit la première et demande à son père de s'asseoir à côté d'elle. Ce qu'il fait. Son frère et sa sœur iront s'asseoir entre leur père et leur mère.

Cette première séance sera consacrée à la description par chacun du comportement de Lou : les difficultés scolaires qui s'aggravent, mais aussi le comportement tyrannique avec les uns et les autres, sauf avec son père qu'elle voit le mercredi et un week-end sur deux. M. Y la trouve formidable, très mûre pour son âge, « une vraie jeune fille ! ». Pendant qu'il l'encense, Lou boit ses paroles tout en... suçant son pouce. Puis elle appuie la tête contre son père qui lui caresse le ventre, sans prendre apparemment la mesure de son geste. Je les interroge sur cette façon de faire, mais aucun membre de la famille n'en paraît offusqué : Lou est la plus jeune, « c'est le bébé de son papounet ». Phrase qui place symboliquement le bébé et le papounet dans la même génération (infantile) et qui dénie le trouble sexuel et une proximité incestuelle entre le père et sa fille.

Un travail familial sera mis en place pendant deux ans. Son but : restaurer les différences générationnelles, évoquer et transmettre l'histoire familiale des deux filiations, redéfinir les rôles et places de chacun et, par conséquent, établir des frontières dans les relations familiales.

Dans ce premier entretien, le corps révélait ce qui existait en creux dans ces relations.

Mais qui soutient le rythme ?

> « *Si nous nous précipitons sans cesse vers autre chose, c'est parce que nous "manquons d'être".* »
>
> François Jullien, *L'Écart et l'Entre*

Non seulement l'enfant de la société postmoderne est un objet d'investissement narcissique excessif, mais il est soumis à une pression temporelle qui n'a rien à envier à celle de ses parents. Quand, (enfin) épuisé, un patient se plaint de ne plus pouvoir tout gérer, on peut se dire qu'un autre rythme va peut-être remplacer le précédent. Quand les termes « gestion, il faut… » sont remplacés par « j'ai envie » dans le discours du patient, c'est qu'il a déjà récupéré sa place de sujet, si ce n'est dans la réalité quotidienne, du moins dans sa façon de se penser.

Les résistances au changement sont parfois importantes, mais le plus bouleversant est de constater combien certaines personnes ont tellement perdu le fil de leur propre désir qu'elles sont comme engluées dans un système de fonctionnement mortifère pour elles-mêmes et leur famille. Entre addiction à une vie toute de gestion, où l'affect est renvoyé à un plus tard hypothétique, et crainte de ne pas être à la hauteur pour « se réaliser »,

LE PRÉSENT COMPULSIF : « DÉPÊCHE-TOI ! »

l'être humain se conduit avec lui-même comme avec une entreprise à développer, sous peine d'être éliminée par la concurrence (les autres). Il faut se dépasser pour ne pas être dépassé. Comme dans un jeu vidéo, les sensations viennent de l'impression de dominer, d'être plus fort que ce que l'on croyait et ainsi de passer au niveau supérieur.

Le jeu vidéo, parfois partagé avec les enfants, fait appel aux mêmes exigences (rapidité et performance). Vite et beaucoup dans un temps le plus court possible... Situation d'urgence permanente, avec tout le stress qu'elle génère et l'impossibilité de prendre du recul. La place d'un grand, sans les inconvénients. C'est le propre du jeu, bien sûr, mais ce n'est plus du jeu quand cela devient une occupation qui remplace toute autre forme de relations humaines et éloigne de la réalité de l'école, des apprentissages, des vraies rencontres. *Funny Games!*

Les sensations apportées par le stress, car c'est bien de cela qu'il s'agit, réclament une répétition et une croissance en intensité qui provoquent un manque, comme dans les addictions, si le produit n'est pas à portée de main.

Pourquoi les jeux proposés sont-ils majoritairement des jeux de guerre ? Parce que l'excitation et les capacités réclamées pour se battre sont du même ordre (la mort en plus) que dans l'entreprise. Avec les avatars, le joueur s'immerge complètement, quasiment sans fin puisque l'on a plusieurs vies. Les autres personnages interagissent avec lui, en fonction de ce qu'il a fait et en essayant de le battre. Le joueur ne peut pas décider de les rendre inoffensifs, s'il sent que la situation lui échappe !

Être vigilant et hyper-stratégique, c'est ce que le joueur attend de lui-même. C'est sa source de satisfaction,

comme papa au travail. Et pour peu que ce dernier ait envie de jouer avec lui, dans le peu de temps qu'il lui reste et qu'il faut absolument occuper, il l'autorisera à jouer à des jeux déconseillés pour son âge. On ne va pas s'ennuyer, quand même !
À côté de cela, il faudra être performant à l'école, sinon condamnation à l'ennui pendant une semaine : privé d'écrans ! La sentence tombe. Hurlements, menaces des deux côtés, entourloupes pour aller jouer chez les copains... On ferme les yeux, on n'en peut plus... Crise familiale, crise conjugale : « C'est ta faute ! », « Non, c'est la tienne ! »... Claquage de portes, repli sur soi...
Tout ça pour ça ? Non. Pas seulement : « Qu'est-ce qu'on va faire de lui ? Il ne fait rien à l'école ! » Pourtant, on lui paie des cours privés, et du sport, et des sorties, et des vêtements de marque : « Il a tout, madame... » Tout, mais pas l'essentiel : il est seul dans un monde sans durée, fait de petits moment juxtaposés, ou d'un temps qui n'est ni celui des horloges ni un temps subjectif. Le temps a une autre dimension, celui de l'espace-temps de l'écran, un autre temps. Il ne sait pas ce qu'il attend (ce qui l'attend non plus), mais on lui dit de se dépêcher. Pour aller où, au fait ?

À dix ans, Pierre est autorisé par son père à jouer à des jeux vidéo déconseillés aux moins de dix-huit ans. C'est même lui qui les achète pour son fils. Pierre dit que c'est son père qui décide et « il n'y a même pas de sang, en tout cas pas du vrai ». Il s'agit juste de se mettre dans la peau de différents héros plus transgressifs les uns que les autres et de braquer tout ce qu'ils rencontrent.

LE PRÉSENT COMPULSIF : « DÉPÊCHE-TOI ! »

Ces personnages sont des adultes au passé douteux qui poursuivent leurs braquages en toute impunité, et même en ayant l'apparence de bons pères de famille. La drogue, l'alcool, la vie de débauche et l'argent s'ajoutent à la violence des actes sans scrupules.

Depuis que Pierre joue à ce jeu, il dort mal, refuse de faire ses devoirs, se précipite sur son écran dès qu'il rentre de l'école et joue des week-ends entiers : « C'est impossible de le décrocher, il devient fou », disent ses parents tout en affirmant qu'il est assez grand pour distinguer réalité et fiction.

Ce qui me frappe particulièrement, c'est combien Pierre a l'air indifférent aux paroles violentes qu'il utilise pour décrire le jeu. Il l'aime parce que « ça fait des sensations » mais en aucun cas des émotions ou des sentiments. Seule importe l'action pour arriver à ses fins. Peu importe qu'elle soit délictuelle.

Au-delà du jeu lui-même, ce qui lui plaît, c'est de jouer à un jeu « interdit ». Son père l'autorise à transgresser et il devient plus fort que la loi qui régit la société. Comme dans le jeu, finalement !

L'addiction à l'immédiateté : papa speede et maman court

> « *Prenez ce Loir au collet !* hurla la reine. *Coupez la tête à ce Loir ! Expulsez-le ! Étouffez-le ! Pincez-le ! Coupez-lui les moustaches !* »
>
> Lewis Carroll, *Alice au pays des merveilles*

Comment faire entrer de plus en plus d'actions en un minimum de temps ? Cela n'est pas un jeu. C'est la question qui se pose régulièrement à l'homme de la société hyper-moderne. Elle est le résultat d'une exigence à laquelle il croit devoir répondre. Ce n'est pas une question existentielle. En faire toujours plus n'est pas une question de survie, mais on a fini par le croire : il faut gérer son temps et non pas le vivre, tel est le mot d'ordre, sous peine de rester sur le bas-côté. Le bas-côté de quoi ? Mais de la société en marche, voyons ! À peine le temps d'avaler de quoi se nourrir, tout en avançant, et c'est reparti, au rythme effréné qu'il faut soutenir. Pas question de perdre la course. Il faut parvenir à franchir la ligne d'arrivée, si possible en tête, sinon c'est la honte assurée. Mais où est-elle, cette ligne d'arrivée ? Cela, on ne le sait pas. Et comment saura-t-on qu'on a atteint le

LE PRÉSENT COMPULSIF : « DÉPÊCHE-TOI ! »

but ? Le règlement ne le dit pas. Il dit juste que si l'on s'arrête, on va être en manque. Alors, attention, préservons-nous de la chute, gardons le rythme... jusqu'à épuisement. Les plus solides seront récompensés : ils auront le droit de continuer.

Voilà comment se développe une addiction au travail et au « toujours plus ». La pression met l'individu dans un état de compétition permanente dont il devient dépendant. « Le surinvestissement dans le travail vient combler un sentiment de manque », confirme Vincent de Gaulejac, et « l'hyperactivité est une surcharge de travail qui s'installe durablement parce qu'elle est considérée comme normale et acceptée volontairement ». Comment ne pas l'accepter quand elle est présentée comme indispensable à la survie de l'entreprise, qui ne doit son salut qu'à l'investissement de ses employés ?

Rester au bureau jusqu'à « pas d'heure », c'est bien la preuve qu'on est investi, non ? Et puis, finalement, on y est bien, au bureau. On peut aussi y faire des choses pour soi (ses comptes, son courrier), gérer sa vie privée, très privée... En famille, il faut composer et les enfants font trop de bruit. Ils sont insupportables en ce moment. La maîtresse dit de l'aîné qu'il est hyperactif, qu'il faudrait consulter. Il ne manquait plus que ça !

– Il rentre quand, papa, ce soir ?
– Quand tu dormiras, mais il viendra te faire un bisou.
– Et toi, maman, tu fais quoi ce soir ?
– Le repassage, la vaisselle, le repas de demain, et après je chercherai sur Internet une maison pour les vacances... Dors, maintenant, dépêche-toi ! Tu vas

encore être fatigué et énervé demain, et tu vas te faire gronder par la maîtresse !
– Maman ?
– Quoi ?
– C'est quand les vacances ?
– Dans longtemps ! N'y pense plus, ça suffit ! Et dépêche-toi de dormir !
    Dialogue à peine fictif et un peu édulcoré. Même pour dormir, il faut se dépêcher. Comment ne pas être hyperactif avec des injonctions pareilles ? Reste l'enfant triste. Celui qui trouve que la vie de papa et maman ne fait pas du tout envie et que si c'est ça qui l'attend, autant rester petit et ne pas grandir. Ne pas apprendre, non plus, parce que « c'est pour plus tard », comme disent les parents. Or, « plus tard », c'est l'aujourd'hui des parents, et ils n'ont pas l'air d'en être très contents...
    Les effets sournois de ce stress auquel sont soumis les parents, outre les altérations de la vie de couple (susceptibilité, indisponibilité affective et sexuelle), atteignent les enfants et la relation parents/enfants. L'hyperactivité des parents, et surtout l'état d'urgence dans lequel ils semblent être en permanence aux yeux des enfants, devient un style familial. Les enfants ne supportent plus les moments de calme ni l'inactivité. Ce mouvement perpétuel a pour principal effet délétère une fuite de la pensée au bénéfice de l'agir. Un agir souvent désordonné qui semble « sans queue ni tête » mais est destiné à se défendre d'un excès d'excitation psychique par une autre excitation, de type moteur. Le psychiatre Gérard Szwec appelle les personnes qui pratiquent ce genre de défense les « galériens volontaires ».

LE PRÉSENT COMPULSIF : « DÉPÊCHE-TOI ! »

À la différence des enfants curieux de tout, très dynamiques, les hyperactifs ont tendance à répéter le même type d'action en général assez stérile, sorte d'agitation qui ne construit ni ne crée rien. Cette agitation a le don d'énerver les parents qui ont du mal à apaiser leur enfant. Leurs réactions renforcent le phénomène, à leur insu. La difficulté à se concentrer a des conséquences sur les apprentissages, qui deviennent importantes au fil du temps. Dans ce type de cas, la thérapie comportementale n'est pas très efficace sur le long terme. Si l'on comprend que le symptôme révèle un trouble des relations familiales, on aura alors une chance d'améliorer le comportement et de soulager la souffrance psychoaffective qui le génère.

Certains enfants choisissent le repli plutôt que l'hyperactivité. Ils perçoivent la souffrance des parents qu'ils cherchent inconsciemment à aider dans un mouvement de parentalisation, d'inversion des places. Ils n'expriment plus de demandes, évitent de se plaindre, voire s'inhibent pour ne pas « en rajouter ». Ils évitent ainsi le sentiment de culpabilité quand les parents explosent. Cette solution, moins bruyante, est de loin la plus coûteuse pour l'économie psychosomatique de l'enfant qui, au lieu de parler, peut tomber malade à répétition. Les parents et les éducateurs ne sont pas forcément à même de faire le lien avec le climat familial et les angoisses de l'enfant, car les symptômes peuvent être plus aisément nommés en termes médicaux. Pourtant, lorsqu'on prend le temps de les écouter, les enfants hyperactifs comme très inhibés expriment très bien leur perception du mal-être de leurs parents et l'inquiétude qui les occupe. Les

ATTENDS... DÉPÊCHE-TOI !

troubles du sommeil ont, en général, une place significative dans le tableau clinique, et ce, dès le plus jeune âge.

Madeleine a neuf ans lorsque ses parents l'amènent en consultation. Ils se demandent si elle n'est pas dépressive, comme sa grand-mère maternelle. Elle ne parle jamais d'elle, ne réclame jamais rien. Ses parents ont l'impression de ne pas savoir qui elle est. Eux sont très occupés, d'ailleurs ils ne pourront pas l'accompagner si elle doit revenir. Ce jour-là, ils ont pris un RTT mais cela ne pourra pas se reproduire – enfin, pas souvent. Entre leurs activités professionnelles, associatives, sportives et la « gestion » de leurs quatre enfants, ils ne s'en sortent pas. Madeleine paraît bien loin, comme si elle n'écoutait pas. Pourtant, son regard est triste. Cette énumération de tâches auxquelles ses parents sont soumis semble l'écraser.

Seule, elle me dira immédiatement : « En plus, il y a les animaux ! » Sa maman ne peut pas vivre sans animaux. Petite, elle vivait à la campagne, « alors elle refait la campagne à la maison et le lapin vit en liberté ». Madeleine aussi aime les animaux. Son chien est son confident, il l'écoute et se laisse caresser. Elle se sent très seule, malgré sa famille nombreuse. Comme elle est l'aînée des filles, elle se sent obligée de soulager sa mère. Elle fait beaucoup d'efforts mais regrette de ne pas aller jouer chez une amie, de temps en temps. Parfois, sa maman pleure de fatigue et ça la fait pleurer. Elle ne peut en parler à personne. À l'école, elle fait comme si tout allait bien. Mais, le soir, elle s'imagine une autre vie et ça l'empêche de dormir. Cela non plus, personne ne le sait.

« Tout, tout de suite » et passage à l'acte : la violence de l'immédiateté

> « *[...] de nouveaux cercles paradoxaux se mettent en place dans une circularité diabolique : utiliser l'accélération du temps pour éliminer "les temps morts", la lenteur, la continuité, augmenter le volume du bruit pour combler le silence, surchauffer l'excitation, le débordement, reculer les limites du temps, contrer les rythmes imposés en se les infligeant.* »
>
> René Kaës, *Le Malêtre*

L'immédiateté ne supporte pas l'écart, cet espace-temps entre l'idée/le désir d'un objet[1] et sa réalisation/satisfaction. Dans l'immédiateté, la présence instantanée de l'objet de satisfaction annule non seulement sa distance mais aussi la quête, l'effort, la réflexion et même la critique du choix. La différence d'autrui comme sujet ayant ses propres désirs est niée. Autrui est en quelque sorte assimilé à soi. L'impression qui ressort du contact

---

1. J'entends par « objet » aussi bien un objet matériel que l'objet au sens psychanalytique, par lequel le sujet va atteindre son but, c'est-à-dire la satisfaction de sa pulsion.

avec des personnes fonctionnant ainsi est de ne pas exister à leurs yeux, de ne pas avoir de place : on est soit un objet de satisfaction, soit rien du tout. Les personnalités narcissiques, généralement traitées d'égoïstes par leur entourage, entrent dans cette catégorie mais elles ne sont pas les seules ; les individus présentant des troubles du caractère et du comportement en font également partie. En psychologie, on les appelle les personnes « mal mentalisées ». En d'autres termes, leur capacité à faire des liens, à penser la situation qui se présente, à utiliser l'empathie pour décider du choix d'une action, est amputée au profit de passages à l'acte spontanés.

Le défaut de mentalisation avec passage à l'acte vient dire le débordement psychique dans lequel se trouve le sujet. Ce débordement peut être ponctuel et signaler que l'élaboration psychique ne peut plus se faire pour cause d'épuisement, d'excès d'éprouvés à traiter, de situation trop anxiogène. Il peut être aussi un symptôme d'un défaut de mise en place précoce d'une capacité à symboliser, à être autonome. Le seuil de tolérance à l'autre est bas, celui-ci étant perçu comme envahissant.

Quand un adulte est débordé par les exigences professionnelles, les longs temps de transport et une vie de couple insatisfaisante, on peut imaginer que le passage à l'acte sous forme d'une violence verbale ou physique permette de décharger ce trop-plein de négatif. La répétition de ce type de réaction vient dire le mal-être durable et la nécessité de modifier certains paramètres de sa vie. D'autant plus qu'il y a généralement une forme de contagiosité de ces comportements. Un des parents crie, l'autre aussi pour lui dire de se taire et les enfants, par mimétisme, emploient le même ton, renvoyant en miroir ce que font les parents : les disputes s'enchaînent, le volume sonore devient insupportable, énervant à nouveau les parents, et ainsi de suite ! À ce moment-là, le parent ne transmet plus les valeurs qui sont les siennes. Il se disqualifie aux yeux des enfants, qui ne peuvent plus le juger fiable. On comprend pourquoi Freud disait qu'être parent était «un métier impossible»! Rassurez-vous, une vive réaction ponctuelle de votre part ne désorganisera pas votre enfant. Il sera sans doute surpris, éventuellement un peu sidéré. Mais, dans la mesure où cela n'est pas votre façon d'être au quotidien, il s'en souviendra comme d'une réaction à ne pas provoquer, et cela lui rappellera qu'il y a des limites à ne pas dépasser.

Quand le passage à l'acte devient un « style familial », la question se pose différemment. Pour René Kaës, « toutes ces difficultés ont pour point commun de buter sur la défaillance, la déchéance et la disqualification de la fonction paternelle ». Celle-ci a pour mission d'assurer l'autorité et le surmoi (ce qu'il convient de faire). Elle peut être exercée par quelqu'un d'autre que le père biologique et se retrouve symboliquement chez les adultes en charge d'enfants, mais aussi chez les dirigeants politiques. L'autorité, comme le surmoi, réclame l'obéissance, qui acquiert sa valeur par l'exemple. Si la société et les individus adultes qui la composent ne donnent pas l'exemple, leur autorité ne peut s'exercer que par la contrainte et l'usage de la force. En ce sens, elle échoue. Le surmoi permet d'assumer les interdits par identification aux parents : si la revendication des adultes vis-à-vis des enfants se traduit par « Fais ce que je dis, mais pas ce que je fais », le surmoi sera défaillant. En réalité, c'est toujours le « donner à voir » qui gagne sur le « dire ».

ATTENDS... DÉPÊCHE-TOI !

Dans la société occidentale contemporaine, avec la tendance à un effacement des frontières entre l'adulte et l'enfant, la mise en cause de l'autorité se manifeste par une revendication précoce d'avoir les mêmes droits que les parents, dans une confusion des générations qui abolit la différence et la reconnaissance de l'autre. Lorsque je pose la question : « Quelle différence y a-t-il entre les parents et les enfants ? », je suis frappée de constater que ni les uns ni les autres ne trouvent de réponse. Parfois, les enfants répondent que les parents « ont de l'argent ». Cela montre bien que la fonction parentale, avec toute la dimension symbolique (droits et devoirs) qui s'y attache, ne s'exerce pas dans de bonnes conditions. Les consultations familiales pour troubles du comportement d'un enfant permettent de réaliser ce travail nécessaire de réflexion sur la différence des générations et la place de l'histoire familiale, qui inscrit l'enfant comme un nouveau venu étranger, dépendant des adultes et éduqué par eux. Les adultes sont censés transmettre par le langage, et par des actes en accord avec leur parole, des valeurs acquises *par* et *de* leurs parents, et revues par eux individuellement et entre partenaires. « Dire » et « faire » doivent donc être suffisamment cohérents pour ne pas être soumis à l'incrédulité et à la transgression systématique des enfants. Quand ces derniers attaquent les règles édictées mais non suivies par les adultes eux-mêmes, ces adultes se voient frappés de mépris de la part de ceux qu'ils éduquent. Chez l'enfant, la violence langagière, dans les termes, le ton et le débit, a vite fait de se transposer en violence physique, car, alors, « dire, c'est faire ».

L'obstacle le plus sûr à la violence est le dialogue, dans le sens de développement de l'esprit critique. Il a sa place

LE PRÉSENT COMPULSIF : « DÉPÊCHE-TOI ! »

dans les apprentissages scolaires dès la maternelle, au même titre que les connaissances instrumentales (compter, lire), que l'on introduit de plus en plus précocement à l'école. La première violence faite à l'enfant, c'est de le gaver d'informations avant de l'accompagner dans ses « Pourquoi ? » et de poursuivre par de nouvelles questions sur l'intérêt qu'il porte à un sujet. Prendre le temps de se questionner sur les interrogations d'un enfant en apprend plus sur son fonctionnement que tout ce qu'il montre de savoirs stockés et récités. C'est son appréhension du monde et une réflexion sur le sens de ce qu'il perçoit qui l'amènent à questionner les adultes. Ainsi, sa demande d'aide est le signe qu'il fait confiance à son interlocuteur. Si on lui répond sans cesse que ses questions sont idiotes ou qu'il en pose trop, l'enfant démissionnera, perdra le fil et le plaisir de penser, et se réfugiera bien souvent dans le repli ou le passage à l'acte. La pensée ainsi limitée ne s'alimente pas de la référence au souvenir d'expériences similaires. Les mots, qui comblent symboliquement l'absence dans la réalité, s'évanouissent dans un discours factuel.

Dans l'urgence, l'acte remplace la parole, car la parole nécessite toujours un deuxième temps, celui de la recherche du mot à dire. Le mot juste prend du temps. C'est celui qui tient compte de la qualité de la relation partagée. Sinon, la parole sidère comme un coup sur la tête. Elle devient un passage à l'acte.

Fast culture et information

> « Mais, de grâce, ouvrez la mémoire de votre temps sensible. Là est la nouvelle cathédrale. »
>
> Julia Kristeva, *Le Temps sensible*

« La culture n'est pas un bien, mais un rapport au monde humain et à la nature, et pas seulement, ou pas d'abord, au monde social », affirmait Michel Schneider en 1993, dans *La Comédie de la culture*. La culture n'est pas non plus un loisir auquel auraient accès les classes sociales qui ont les moyens de se la payer. En tout cas, pas seulement. Il est vrai que le terme est difficile à définir, se confondant souvent avec civilisation d'un côté et art de l'autre. « C'est culturel ! », entend-on dire de comportements sociaux qui diffèrent des nôtres, histoire de justifier un décalage par rapport à une norme qui est *la* norme pour celui qui parle. « C'est dans ma culture » est une manière de justifier ses propres actes en faisant référence aux traditions familiales ou régionales, en tout cas à quelque chose de familier transmis antérieurement. La culture ne peut en aucun cas faire abstraction du passé. Mis à toutes les sauces, le terme a sans doute perdu de son sens d'enrichissement de l'esprit et de sa fonction de lien

LE PRÉSENT COMPULSIF : « DÉPÊCHE-TOI ! »

entre individus et groupes humains, pour se confondre quelque peu avec le divertissement. Pour d'autres encore, c'est une forme de privilège, comme pour la duchesse de Guermantes, ce personnage proustien qui, « lorsque quelqu'un disait le mot culture », « souriait, allumait son beau regard, et lançait : "la *KKKKultur*", ce qui faisait rire les amis », tandis que les nouveaux venus disaient parfois : « Comme elle est bête ! »

L'accumulation de connaissances, de visites d'expositions, de voyages n'est pas la culture. La culture est le fruit d'un travail qui commence jeune et ne se termine jamais. Les deux points essentiels de la culture, pour ce qui concerne mon propos, sont ses dimensions historique et créative. Toutes deux concernent la question de la temporalité et de l'éducation, donc de la transmission.

Comment une société qui se veut libérée de son historicité peut-elle faire des œuvres d'art qui la précèdent autre chose qu'un « catalogue de La Redoute », dans lequel on peut aller chercher des références ? Car, si l'art *fait partie de* la culture, l'histoire *est* la culture. On me rétorquera que les espaces culturels (musées, salles de concerts, théâtres…) sont de plus en plus nombreux. Certes, mais comment regardons-nous, écoutons-nous les œuvres ? Pourquoi les adolescents rechignent-ils tant à aller au musée, au concert classique ou au théâtre ? En d'autres termes, qu'en est-il du préalable qui donne le désir de connaître les œuvres anciennes pour comprendre ce qui se peint, ce qui se joue, ce qui s'écrit aujourd'hui ? Ce « temps sensible », dont parle Julia Kristeva à propos de Proust, ne peut pas surgir spontanément ! On n'a pas « l'âge de lire Racine » d'un coup ! Certains adultes ne comprennent même pas l'intérêt d'étudier *La Princesse de*

ATTENDS... DÉPÊCHE-TOI !

Clèves, c'est dire... Il faut du présent, rien que du présent, qui veut faire croire qu'il est sorti de nulle part. C'est un leurre. Et c'est dangereux à l'échelle d'une société. L'exigence que réclame la culture est fructueuse pour la personnalité. C'est la meilleure garantie contre la dépression et la violence. La culture modifie le rapport à soi : on peut toujours y faire appel dans un moment de vide. Elle a un effet réconfortant et aide à s'extraire de la pesanteur de la réalité en nous entraînant dans un ailleurs créatif. C'est aussi une façon de vivre ensemble et d'échanger. La culture ne propose pas de vérité unique, elle favorise le débat plutôt que l'affrontement. Ce faisant, le sentiment identitaire et la compétence sont renforcés, éloignant l'idée de la mort. L'immortalité de l'œuvre d'art éloigne le temps mortel de la vie. Nul besoin de produire soi-même une œuvre. Créer, c'est établir des liens. La culture n'a pas à être instituée. La culture, ça se cultive ! Mais où donc ? Dans la mémoire. La mise en mémoire ne peut exister que grâce au dialogue entre les connaissances et les émotions. Ce ballet indissociable devient *la* culture, celle qui reste quand on a perdu la mémoire. C'est un constat que l'on peut faire avec les personnes âgées, mais ce serait un autre sujet.

Les « passeurs » privilégiés de culture auprès des enfants sont les parents (s'ils savent en prendre le temps) et les enseignants. L'histoire des arts est instituée au primaire depuis la rentrée 2008 et au collège depuis la rentrée 2009. Toutefois, l'enseignement semble laissé à l'appréciation des professeurs, hormis en classe de troisième, puisque cette discipline fait l'objet d'une évaluation au brevet. L'école devrait pouvoir être ce lieu d'un temps que certains disent perdu. Pourquoi le ministère de

LE PRÉSENT COMPULSIF : « DÉPÊCHE-TOI ! »

l'Éducation nationale ne travaille-t-il pas en collaboration avec celui de la Culture (et de la Famille) ? Il ne suffit pas de laisser les enfants entrer gratuitement dans certains musées, encore faut-il leur en donner la curiosité. Il est nécessaire de penser des programmes éducatifs et culturels en connaissance de ce qu'est un enfant, de ce que l'on souhaite lui transmettre et de la façon dont on va s'y prendre pour que cela devienne une façon de voir le monde. Ces manières de faire dépendent de la motivation et de l'audace des enseignants, pas de leur formation ni des programmes qu'on leur impose d'expédier dans un laps de temps impossible à tenir. Cela concerne aussi bien l'enseignement de la lecture au CP que celui de l'histoire en terminale. Supprimé du programme de terminale S en 2010, l'enseignement d'histoire-géographie est réintroduit à la rentrée 2014. Comment avait-on pu en arriver là ? Fantasme de technocrate, sans doute, qui imaginait qu'un élève scientifique, sur la « voie royale », n'avait pas à s'encombrer de références historiques. C'est bien l'idée de la tête bien pleine plutôt que la tête bien faite qui persistait. Pauvre Montaigne !

Quant à l'enseignement de l'histoire à l'école primaire, il continue à se faire de façon chronologique et le *Bulletin officiel* du 5 janvier 2012 insiste sur le savoir, sur le vocabulaire à retenir, certes non négligeable. Seul le programme du CM1 est annoncé comme « procédant d'une cohérence thématique » ; mais quand on en étudie le détail, on trouve le terme « savoir » à chaque époque présentée, comme un module séparé des autres.

On ne peut pas étudier l'histoire sans repères, mais pas non plus sans thématique. La thématique, c'est ce qui constitue une énigme. C'est ce qui va faire que l'enfant pensera l'histoire comme un mouvement, un déroulement du temps, des idées et des techniques. On n'aime pas l'histoire en apprenant des événements pour briller au Trivial Pursuit. On aime et on comprend l'histoire parce qu'elle nous parle de nous avant, c'est-à-dire de nos origines qui nous intriguent. Elle est au fondement de notre culture parce qu'elle est un récit du passé et qu'elle légitime la loi. Mémoire et culture se retrouvent conjugués dans l'histoire. Pleine d'imprévus, l'histoire contrarie l'habituel, le normal, l'acquis et nous oblige à questionner nos principes. Elle parle de normes qui se sont modifiées et nous invite à nous pencher sur les intentions et les mentalités d'autres personnes, à une époque où nous aurions pu vivre. Elle donne un sens commun.

Si l'enseignement de l'histoire se réduit à de l'information et du vocabulaire, il y a peu de chance qu'elle prenne sens. Dans les années 1970, les éditions Larousse avaient publié, un peu comme un feuilleton, *L'Histoire de France en bandes dessinées*. Bien sûr, le contenu était limité mais le récit, mettant en scène des dialogues imaginaires entre personnages historiques, mêlant la petite histoire et la grande, constituait une approche qui a fait connaître et aimer l'histoire à de futurs parents qui ne l'ont sans doute pas oubliée. La Bible s'est vue elle aussi transposée en bande dessinée et ce ne fut pas un sacrilège ! Juste un nouveau support adapté aux enfants, et qui a donné à ceux qui ne suivaient pas d'enseignement religieux un accès à un ouvrage majeur de la culture.

On sait combien les images sont importantes dans la vie de l'enfant et ce, d'autant plus qu'il est jeune. Avant la lecture, c'est même un support essentiel de son savoir. Il y trouve à la fois ce que l'image représente (un objet de

LE PRÉSENT COMPULSIF : « DÉPÊCHE-TOI ! »

perception) et ses propres projections et interprétations. Le dialogue entre l'image et son monde interne s'instaure et s'enrichit de plus en plus. L'illustration est un support de vocabulaire et un miroir de soi dans la mesure où une part de déformation est possible. On y voit ce qu'on veut y voir.

Georges Perec se souvient « du jeu "Enrichissez votre vocabulaire" dans le *Reader's Digest* ». Le *Reader's Digest* est sans doute le précurseur de cette « culture rapide » d'aujourd'hui qui permet de parler de ce qu'on ne connaît pas, et de faire comme si. Il est passé de mode et remplacé par encore plus succinct à l'heure d'Internet. C'est tout le contraire de l'histoire. L'histoire est ce qui fait aller de l'avant : la combinaison du passé et du possible, fonds commun de l'humanité, source du « sens commun ».

C'est le récit, c'est-à-dire un « savoir narratif », selon les termes du psychanalyste Roland Gori, qui ouvre la pensée. Si l'enseignant ou le parent est un conteur, par le fait même qu'il enseigne l'histoire avec sa subjectivité et en s'adressant à celle de son jeune auditoire, non seulement il n'ennuiera pas ses élèves mais il leur donnera le goût de la connaissance.

C'est d'ailleurs vrai pour toutes les matières. Mais celle de l'histoire reste essentielle parce qu'elle dit notre origine et notre passé. Elle donne accès au temps des horloges et à la temporalité psychique, celle qui se construit « d'après Untel... ». Il s'agit d'une coconstruction entre celui qui conte et celui qui fait sienne l'histoire racontée. Si l'intention de l'adulte est de donner à aimer ce qu'il aime, il a toutes les chances d'aboutir à ses fins, ce qui n'est pas sans poser de problèmes quand ce qui est transmis entre en conflit avec les valeurs familiales, par exemple. Mais la neutralité n'existe pas et tant mieux si ce désaccord est source de réflexions. En revanche, si celui qui enseigne a pour but de se débarrasser de son cours, l'enfant, n'y trouvant pas d'intérêt, se lassera. Il aura peu de chances d'en retenir et d'en penser quelque chose. La leçon sera fastidieuse. Le « scénario narratif » (Roland Gori) est variable d'un locuteur à l'autre, c'est ce qui fait sa richesse. Il est façonné par le langage de celui qui s'adresse à un auditoire spécifique.

Les systèmes d'informations, comme Internet, ne peuvent pas remplacer la médiation humaine, sauf à imposer à l'enfant d'y laisser un pan de sa subjectivité qui se construit dans l'intersubjectivité, c'est-à-dire la rencontre avec autrui. On ne peut nier que les systèmes d'informations favorisent le savoir et l'accès à des documents de toutes sortes. Mais ils ne peuvent pas participer à la formation de la pensée dans ce qu'elle a de spécifiquement humain. Le routage de l'information procède par algorithme. Il ne laisse pas la place à la surprise, « chatouille de l'âme », comme la nomme si joliment Daniel Marcelli. Or, ne pas savoir où l'on va, s'étonner, est du registre de l'incertitude, de l'attente de la possible bonne surprise d'un pas en avant dans la compréhension.

Alexis a du mal avec la frustration. Au point qu'il ne peut pas supporter les modifications dans la vie réelle. À neuf ans, même si ses parents et ses copains lui disaient que le Père Noël n'existait pas, il ne pouvait pas lâcher prise et maintenait qu'il existait, qu'il en avait des preuves. Alexis a beaucoup de mal avec l'écoulement du temps, ce temps qui amène inévitablement le changement et la perte.

LE PRÉSENT COMPULSIF : « DÉPÊCHE-TOI ! »

En grandissant, Alexis doit, comme tous les enfants, renoncer à une vision du monde et à des théories infantiles qu'il veut conserver. Alors il a trouvé une sorte de stratégie qui fonctionne plus ou moins bien, mais qui l'aide à se faire croire que rien ne finira sans sa volonté. Il a un imaginaire débordant pour créer des scénarios interminables, qui peuvent revenir au point de départ grâce à un temps qui a la forme d'un « éternel retour ». Les personnages ne disparaissent pas. Quand on les croyait morts, ils réapparaissent comme par miracle, reprenant une énergie spectaculaire. Alexis a trouvé un compromis pour produire une histoire sans déroulement linéaire, mais circulaire, ce qui lui permet aussi d'éviter la succession des générations et la mort.

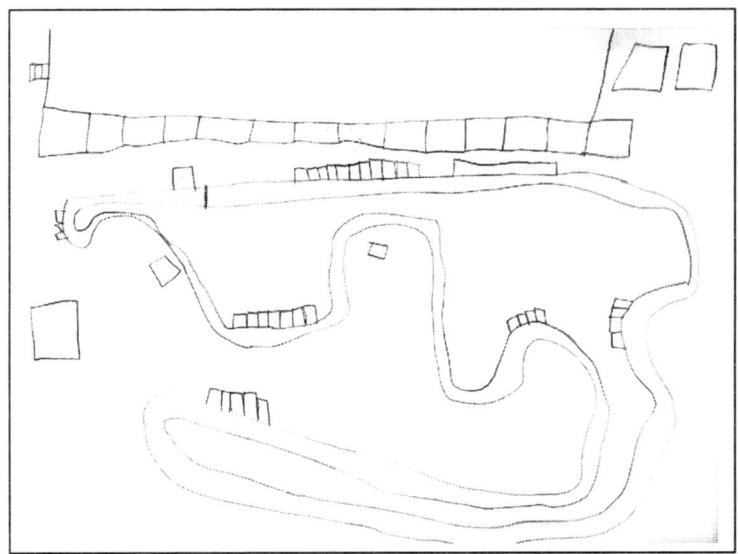

ATTENDS... DÉPÊCHE-TOI !

Le dessin d'Alexis ci-contre représente un circuit automobile qui ne comporte que les éléments fixes, sans personnages ni voitures. Il illustre très bien son fonctionnement. Alexis raconte ce qui se passe sur son dessin mais ne peut pas dessiner ce qui bouge, au risque de le perdre.

Imaginaire marchand contre imaginaire narratif : Kirikou et la sorcière, l'ogre et le Petit Poucet

> « *Le Petit Poucet grimpa en haut d'un arbre, pour voir s'il ne découvrirait rien.* [...] *L'ogre, s'étant réveillé sur le minuit, eut regret d'avoir différé au lendemain ce qu'il pouvait exécuter la veille.* »
>
> Charles Perrault, *Le Petit Poucet*

Poucet grimpe dans l'arbre, il prend de la hauteur. Il se décale par rapport au lieu de la péripétie et introduit, grâce à cet écart, la possibilité de découvrir ce qui transformera l'événement. L'ogre agit, mené par son insatiabilité : il lui faut exécuter sans délai ce qu'il avait différé. Chez les ogres, la perspective n'a pas de place.

Poucet est comme Kirikou : petit. Mais il observe et réfléchit. Chacun a sa façon de voir le monde depuis là où il est né. Surtout, chacun utilise son environnement pour se faire sa propre idée de ce qu'il peut transformer. L'universalité et l'atemporalité de ces deux personnages en font des références symboliques significatives du développement des processus psychiques chez l'enfant.

L'ogre et Karaba la sorcière sont présentés comme des adultes qui ne souhaitent qu'assouvir l'urgence de leurs envies. Ils représentent métaphoriquement le pouvoir totalitaire auquel la société des adultes croit ne pas pouvoir échapper : la femme de l'ogre dans *Le Petit Poucet*, comme les fétiches et les villageois dans *Kirikou et la sorcière*, ont renoncé et subissent l'oppression.

Ces deux enfants sont surprenants : ils sont différents des autres. Poucet n'a pas grandi physiquement ; Kirikou parle et agit dès sa naissance comme s'il était un adulte. Leur étrangeté les distingue et vient causer la surprise. Ils vont changer le cours des choses. Grâce à ce changement, ils produisent l'histoire.

Comme dans tous les contes, l'ogre et la sorcière sont les prototypes des mauvais parents. Ils dévorent leurs enfants, les violentent et surtout ne leur veulent aucun avenir. Ils ne les inscrivent pas dans une filiation. Ils sont tellement terrifiants qu'ils occultent l'envie de grandir et ne laissent d'autre choix aux enfants que de se protéger de la dévoration. Il me semble qu'au-delà de mauvais parents on peut y voir le modèle des sociétés qui ne prennent pas soin de leurs enfants. Heureusement, la fin heureuse de Poucet et de Kirikou redonne de l'espoir.

La référence à ces deux contes peut paraître saugrenue dans cet ouvrage. Voici où je veux en venir : Poucet et Kirikou sont des figures symboliques d'un avenir meilleur. Ils sont agents de la transformation d'une situation qui les précède. Leurs parents jouent un rôle essentiel. Ils ne les excluent pas du monde difficile dans lequel ils naissent. Au contraire, ils font en sorte qu'ils y prennent part. Dans le conte de Perrault, c'est même leur survie qui est en jeu, mais il faut se replacer dans l'époque… Chez Michel Ocelot, la société dans laquelle naît Kirikou devient la sienne dès sa venue au monde et lui est confiée afin qu'il la transforme. L'avenir est mis entre les mains de l'enfant. Il va apporter une nouvelle vision, un changement, grâce à un questionnement sur le passé. Il met en doute ce que lui répondent les femmes du village, trop impliquées dans les événements et aveuglées par la peur. C'est grâce à son grand-père éloigné du village (qui représente la culture et la réflexion) qu'il aura une version plus sage des événements et une nouvelle représentation de ce qu'il peut transformer.

Le monde dans lequel nous vivons aujourd'hui peut paraître effrayant. Nous ne sommes plus certains de laisser à nos enfants un monde meilleur. L'espoir paraît mince. Il est tentant de croire aux ogres et aux sorcières. La société marchande véhicule ce type d'imaginaire. Qui va nous manger ? L'étranger, comme à chaque crise économique, est soupçonné de vouloir nous prendre nos biens. Cela évite de se poser la question de ce qu'il est nécessaire de changer chez soi, et de penser le changement.

La fuite en avant, sous prétexte qu'« il n'y a pas de temps à perdre », protège les adultes et enseigne l'action sans réflexion. Or, les contes nous le disent, la pertinence de l'action résulte du temps accordé à la réflexion. Poucet évalue la situation en observant ; Kirikou y ajoute le questionnement autour de lui. Il interroge l'actuel. Aucun des deux ne fuit la réalité, mais chacun se sert de son imagination pour améliorer l'état du monde dans lequel il vit.

Une satisfaction immédiate sans limites : le Cloud ou la vie ?

> « *Tout et tout de suite ! Prenez vos désirs pour des réalités ! Jouissez sans entraves et vivez sans temps morts !* »
>
> Jean-Claude Michéa,
> L'Enseignement de l'ignorance
> et ses conditions modernes

Alors qu'on croyait encore que le bonheur était dans le pré, « on » nous annonça qu'il était sur la Toile : nous pourrions y avoir beaucoup « d'amis », et d'amis d'amis, dans le monde entier et « tchatter » avec eux à l'envi. Plus de pré, juste un petit écran et le tour est joué. Le vide ? Quel vide ? L'ennui ? Plus jamais ! Le bonheur ! Exit les inconvénients de la présence de l'autre : c'est quand je veux, si je veux. Et quand il n'y a personne ? Il y a toujours quelque chose, voyons. L'infini et l'éternité, c'est simple, non ?

L'utilisation de l'écran pour « tuer le temps » permet paradoxalement de vivre (en apparence) sans temps morts. Le temps des horloges est effectivement bien rempli, au détriment souvent de la vie familiale ou sociale, mais le temps subjectif, celui qui s'inscrit dans le

LE PRÉSENT COMPULSIF : « DÉPÊCHE-TOI ! »

mouvement de l'esprit et du corps, celui du manque que nécessite l'apprentissage, n'a quasiment plus cours. C'est ce temps-là qui est tué. Internet met le monde à portée de main, c'est manifeste. Chacun peut en un instant trouver l'information qu'il cherche. L'ordinateur est un outil formidable pour qui sait s'en servir avec mesure, et dans un but précis autre que de ne pas affronter la vraie vie. Le souci vient du sentiment de toute-puissance qui leurre le sujet en difficulté. « Je suis le maître du monde », pourrait-il dire à chaque clic. Comment arrêter de se servir de cette nouvelle lampe d'Aladin et aller faire ses devoirs ou même jouer dehors avec des copains ? Jouissance sans entraves, si ce n'est les limites de la technique ou un bug qui, en général, déclenche une crise de rage et l'irruption des parents dans la chambre, qui confisquent l'engin. Pourquoi cette interdiction faite à des enfants qui voient leurs parents passer leurs soirées devant l'ordinateur ou la télévision ? Ou plutôt, pourquoi cela énerve-t-il tant les parents ?

Ils savent sans doute d'expérience qu'il est difficile de s'arracher à l'écran. Ce n'était déjà pas facile avec la télévision, mais celle-ci a le mérite de proposer des programmes limités dans le temps, ce qui favorise le décrochage. Internet, lui, ne s'arrête jamais. Le réseau entraîne toujours plus loin dans la course à l'information manquante, qui va, c'est sûr, apparaître au clic suivant. Il manquera toujours quelque chose, et la frustration, lorsqu'elle devient insupportable, crée la dépendance. Le Cloud, ce « nuage » encore nébuleux qui promet « efficacité, rapidité, contrôle » – sans risques, puisque l'« on fait tout pour vous, sans imprévus, sans pannes » –, accentue l'illusion de toute-puissance. On peut tout s'approprier, tout conserver, toujours plus vite pour être de « son temps ». On se demande bien du temps de qui il s'agit, à part celui de l'économie marchande qui fait table rase du temps de la rencontre avec autrui et de l'apprentissage irremplaçable par l'identification à un médiateur en chair et en os. On peut certes faire des « rencontres » par Internet, mais le corps de l'autre n'y est pas et la 3D ne résoudra pas la question. Souvenons-nous de l'expérience du psychologue Harry Harlow : il a séparé des bébés singes de leurs mères, qu'il a remplacées par des nourrices artificielles – l'une en fil de fer munie d'un biberon, l'autre en peluche sans biberon. Les bébés se lovaient sur la mère en peluche et se débrouillaient pour boire le biberon de la mère en fil de fer. Ceux qui n'ont eu que la mère en fil de fer à disposition ont présenté ensuite des troubles du toilettage, ont eu du mal à se reproduire et, pour les femelles, à devenir de bonnes mères. Cette expérience a mis en évidence l'importance du contact physique dans le maternage.

L'ordinateur ne se substitue pas encore à la mère auprès du nouveau-né. Mais, déjà, certains outils, comme les Babyphone et autres caméras de surveillance, risquent de vicier la préoccupation maternelle. L'accordage temporel des mères avec leur bébé est le garant d'un lien affectif de bonne qualité. En se fiant à la machine, la mère se coupe de son enfant au moment où le lien doit se tisser, de façon invisible, inconsciente mais essentielle. La machine est alors une forme moderne de mère en fil de fer. Plus tard, l'enfant sera confié à un écran « baby-sitter[1] », puis à une

---

1. Comme j'ai pu le dire dans un précédent ouvrage, *Psychanalyse des dessins animés*, L'Archipel, 2001 ; 2004.

LE PRÉSENT COMPULSIF : « DÉPÊCHE-TOI ! »

tablette pour apprendre. Ces machines exercent des fonctions auparavant assumées par des parents en chair et en os.

Les éthologues comme Konrad Lorenz ont démontré combien « l'empreinte » (la mise en place du lien) revenait au premier objet d'attachement et dépendait de l'attitude de celui qui s'occupe du bébé dès sa naissance. C'est de la science-fiction, je l'admets, que d'imaginer un bébé entièrement élevé par des ordinateurs, qui deviendrait lui-même un ordinateur dans un corps humain. Mais la clinique infantile confirme que l'impossibilité de certaines mères à établir un lien affectif suffisant avec leur enfant dans les premiers mois de sa vie a des répercussions sur la façon dont, plus tard, il sera en relation avec les autres. C'est parce que la mère est là, mais aussi se dérobe, qu'elle devient un objet de désir. Si l'objet (la mère) ne se dérobe pas, l'agressivité exigeante du bébé vis-à-vis d'elle dure et aboutit à de la tyrannie, qui signifie paradoxalement que l'enfant ne la tolère plus : la fusion qui se voulait paradisiaque devient l'enfer.

Répétons-le, le contact physique et psychique avec l'être humain est indispensable pour développer un attachement dit « sécure ». Les écrans ne peuvent pas remplacer les personnes qui contribuent au développement de la personnalité de l'enfant. Ils ne peuvent pas remplacer la lecture du soir d'un album avec un être cher. Le livre tenu par l'adulte qui sait lire et donne envie, la surprise de la page suivante que l'on attend et qui est encore un mystère, sera anticipée les fois suivantes où, selon le même scénario, on relira le même livre. Je m'inscris en faux contre ceux qui voient dans l'évolution technique une évolution pour tous, sans distinction d'âge :

l'utilisation solitaire de ce type de matériel est une entrave aux bonnes relations parents/enfants, car elle se substitue aux adultes. L'écran ne peut être mis que sous les yeux d'un enfant accompagné, ayant suffisamment de langage (en aucun cas avant trois ans). Cela ne doit être qu'un moment particulier de récréation puis de recherche choisie, pas un calmant qui soulage les parents.

Comme d'autres enfants entre trois et cinq ans que je reçois, Armelle est particulièrement tyrannique avec sa mère. Cette jeune maman est très inquiète : Armelle vient toutes les nuits se blottir contre ses parents, malgré les tentatives de la reposer dans son lit. À quatre ans, elle parle très peu. Elle s'exprime beaucoup par des onomatopées, des « Oh ! » et des « Ah ! », en fonction de ce qu'elle ressent. Elle est très vigilante au moindre bruit. Dès qu'elle entend des pas dans le couloir, elle s'arrête de manipuler les figurines avec lesquelles je lui propose que nous inventions une histoire, en disant : « Maman ? » De toute évidence, cette petite fille présente un retard de langage. Elle a du mal à tenir compte de mes paroles pour poursuivre l'histoire. J'ai beaucoup de difficultés à imaginer ce qu'elle peut raconter. Je constate que les objets lui tombent des mains, quand ce n'est pas elle qui les fait chuter du haut de la maison de poupées.

L'entretien avec les parents sera très éclairant : pour des raisons de sécurité, la mère, lorsqu'elle est seule avec Armelle, la laisse dans sa chambre fermée par une barrière. Un Babyphone permet d'entendre ce qui se passe. Depuis qu'Armelle est née, les parents utilisent cet appareil pour se tranquilliser et vaquer à leurs occupations. Quand je les interroge sur la durée de ces situations, ils répondent qu'à présent, étant donné qu'Armelle va à l'école le matin, c'est seulement l'après-midi, pendant et après la sieste. Elle peut ainsi jouer des heures toute seule et sa mère, qui prépare un examen, peut réviser à sa guise. Le soir, le père rentre tard : le couple peut dîner tranquillement, l'appareil les prévient en cas de problème. Quand ils vont se coucher, ils ouvrent la barrière. Leur chambre est tout près de celle de leur fille. Le contact physique avec Armelle se limite aux soins de la toilette. Armelle n'est pas câline ; « nous non plus, d'ailleurs », diront les parents.

Pourtant, on le voit bien, Armelle profite de la nuit, quand ses parents sont assoupis et atteignables, pour les rejoindre et voler ces petits moments de chaleur dont elle paraît avoir tant besoin.

Élever un enfant réclame du temps, et un temps de qualité. Par définition, un enfant est immature, et comme disait Winnicott : « Pour l'immaturité, il n'y a qu'un traitement : l'écoulement du temps. » Brûler les étapes, c'est faire obstacle aux transformations, sources de créativité.

Entre obsessionnalité et dépression : la nouvelle société

> « Celui qui passe son temps à courir après le temps le passe aussi à courir après lui-même. »
>
> Nicole Aubert, *Le Culte de l'urgence*

L'hystérie est passée de mode. Elle n'a plus cours, en tout cas sous sa forme pathologique qui sévissait à l'époque de Freud, où la sexualité était refoulée. Depuis qu'il est « interdit d'interdire », la liberté sexuelle a progressé et la sexualité ne représente plus un tabou. On en parle de plus en plus librement. Les lois permettent de lever les interdits. Les pathologies sociétales se sont déplacées vers d'autres registres de troubles, comme la dépression ou l'obsessionnalité, marqués par un rapport au temps perturbé.

Notre société de l'immédiateté ne facilite pas les projets à long terme. Le risque de perdre (son travail, son conjoint, son argent...), associé à une demande de flexibilité et une exigence importante des entreprises, favorise des pathologies qui, certes, existaient auparavant. Mais elles semblent devenir des modes de réponse de plus en plus significatifs au malaise que ressentent ceux qui sont confrontés à un excès de pression temporelle. Ils tentent de s'adapter tant bien que mal à un monde qui les dépasse. Ainsi de l'hyperactivité, addiction à l'agir qui met la pensée de côté et se caractérise par une discontinuité d'activités accumulées et superposées. Cet excès a pour but de faire obstacle à un vide existentiel éventuel, mais aussi à des choix de vie qui offriraient une perspective dans laquelle l'engagement et certains renoncements seraient nécessaires.

Comme le Lapin blanc d'Alice, certains courent et cherchent des satisfactions qu'ils ne trouvent pas. Ils répondent à des exigences tyranniques d'une « reine » économique qui risque de leur couper la tête. En attendant, elle la leur fait perdre. Et quand ils n'en peuvent plus de confondre temps du travail et temps privé, ils s'effondrent physiquement et psychiquement, avec l'impression de n'être pas à la hauteur. Comment en sont-ils arrivés là ? Ils ne peuvent même pas le dire. Quand ils parlent d'eux, le roman de leur vie ne ressemble à rien d'autre qu'une répétition quotidienne du même processus. Depuis des années, ils vivent au service de l'entreprise, se croyant indispensables à sa survie alors qu'ils sont tels des pions interchangeables. Voilà ce que sont devenus sans le savoir les héros qu'ils croyaient être, ayant réalisé leur rêve d'enfance.

Passant de l'hyperactivité à la dépression (le mal du siècle !), le parent hyperactif est un modèle inquiétant pour son enfant. Son écroulement déclenche chez l'enfant un désir de réparation. L'enfant se sent en quelque sorte responsable (parfois coupable) du mal-être de son parent. Parce qu'il a toujours une bêtise à se reprocher et qu'il imagine peut-être, par son agitation qui reproduit le modèle parental, avoir épuisé son père ou sa mère. Il cherche une solution en prenant une attitude parentale vis-à-vis d'eux, essayant sans succès de les protéger. Mal-être généralisé à la clé, la famille devient volcanique et tout déraille. Les moments communs censés être favorables à l'échange sont minés et la vie se résume à éviter l'explosion.

La violence du temps de l'urgence est contrée d'une autre manière par les personnalités qui s'en défendent sur un mode obsessionnel. La maîtrise est leur arme. La réalisation primordiale et sans concession de leur obsession est une idée fixe à laquelle ils soumettent leur entourage professionnel ou familial. Pour eux, c'est une question de survie qui ne laisse place ni aux désirs des autres, ni aux leurs. Car on ne peut pas parler chez eux de désir, de projet. Le manque est condition du désir. Il demande de « l'écart ». Or, l'obsessionnel craint de se perdre dans cet écart. Il le remplit d'idées fixes qui excluent la notion même d'un espace pouvant devenir commun, abattant les barricades qui le préservent de la contamination par autrui. Les objets inanimés sont surinvestis, à la bonne place, définitivement ; quiconque modifie le décor et le rituel est soumis aux foudres de l'obsessionnel. Le contrôle est son mode de fonctionnement privilégié. Toute idée qui lui vient à l'esprit, et qui a tant soit peu à voir avec le risque d'une perte de contrôle, entraîne des réactions comme un bégaiement, un tic ou un toc. Ces symptômes servent inconsciemment à annuler et expulser la pensée intolérable. On imagine combien la rigidité de cette manière d'être, qui, par ailleurs, est souvent très douloureuse pour l'individu, prive l'obsessionnel de relations satisfaisantes mais aussi de souplesse de fonctionnement. Son perfectionnisme écarte le plaisir. La recrudescence de ces personnalités dans la population est, de mon point de vue, significative d'une pression excessive de l'urgence sur des individus qui tentent de résister en évitant la confrontation. Parce qu'elles ont un rapport à l'agressivité de mauvaise qualité, qu'affirmer leur opinion est trop risqué depuis l'enfance où on ne leur a pas demandé leur avis, le contrôle remplace l'expression. C'est une forme d'agressivité et d'affirmation de soi qui n'est pas toujours comprise comme telle par les autres et peut même être perçue comme une forme de fiabilité, à condition qu'elle soit modérée. Quand le contrôle est exercé de manière excessive ne supportant aucun écart, il devient non seulement intolérable mais inefficace. On n'avance plus, on ne partage plus. L'obsessionnel devient tyrannique vis-à-vis de lui-même et des autres. Tout a la même valeur, rien ne peut être différé. Le climat de vie en est très affecté, car les liens familiaux se résument au garde-à-vous et à éviter les crises de l'obsessionnel, aussi bien adulte qu'enfant.

Dans le cas d'un enfant, l'exigence quotidienne d'un parent, le manque de relations amicales (que l'enfant évite) n'aident pas à lever l'anxiété. Les tocs, les tics et les rituels remplacent la mentalisation difficile et permettent d'éviter les représentations indésirables, comme celle de l'agressivité vis-à-vis des parents. Qu'on s'entende bien : tous les enfants, dans les périodes compliquées de leur développement psychoaffectif, présentent des comportements obsessionnels qui les aident à juguler l'angoisse. Ils ne deviennent inquiétants que lorsqu'ils se maintiennent et que l'enfant se sent tenu de s'y soumettre contre sa propre volonté, qu'il en souffre. Par ailleurs, pour que ces comportements soient considérés comme les signes d'un trouble, ils doivent être associés à d'autres symptômes (souvent du sommeil ou de l'alimentation). L'activité psychique et cognitive peut être altérée, toujours en raison de la peur de rencontrer de « mauvaises pensées » (hostiles aux parents ou censées être interdites). Ainsi, l'enfant évite de penser et a l'air incapable de performances intellectuelles de son âge. La solution qu'il retient bien souvent est de « vivre dans sa tête », d'être ailleurs, de prendre ses rêves pour la réalité. C'est pour lui la meilleure façon de ne pas s'affronter au réel, source de déceptions. Il produit ainsi, de manière fantasmatique donc sans obstacle, ce qu'il voulait vivre.

L'obsessionnel a besoin de voir pour contrôler. On ne peut soustraire de sa vue ce qu'il veut tenir pour sûr. Parfois, dès qu'il lâche des yeux, il est pris de doute et a besoin de voir encore. Cela peut se répéter longuement. La valeur symbolique de ces comportements de vérification est liée à la séparation et la perte. Les premières expériences de séparation ont souvent été traumatiques, même si les adultes ne retrouvent pas d'événement grave qui ait pu choquer l'enfant. Ces événements ont souvent à voir avec une quelconque culpabilité que l'enfant s'est attribuée, consciemment ou non. Le détour vers les activités cognitives est un bon moyen d'apaiser l'angoisse en période de latence, qui correspond à l'école primaire.

L'autre angoisse massive chez l'obsessionnel est celle de la mort. Il ne peut pas perdre, et la perte absolue est la mort de l'être cher. L'enfant obsessionnel craint de façon envahissante la mort de ses parents, parce qu'il a un mauvais rapport à l'agressivité et est resté dans un

LE PRÉSENT COMPULSIF : « DÉPÊCHE-TOI ! »

fonctionnement infantile précoce qui lui faisait confondre ses pensées et leur réalisation. Lorsqu'il a des mouvements haineux vis-à-vis de ses parents ou de la fratrie, c'est comme s'il était coupable d'être passé à l'acte ; il doute et ressasse, manière de s'auto-punir. Par son ressassement, il essaie de faire en sorte que rien ne bouge, ce qui paradoxalement lui fait peur, car l'inanimé peut être symbole d'éternité mais aussi de mort. Son besoin de contrôle se traduit aussi par une neutralité affective, qui le conduit à une solitude où, là encore, autant que faire se peut, rien ne bouge.

Le modèle de vie adulte appliqué aux enfants – modèle qui a tendance à se répandre – a des effets délétères sur leur développement à long terme. Ces échecs, qui se traduisent par des dépressions de l'enfant et d'autres troubles comme ceux que je viens de décrire, doivent nous alerter dans la mesure où ils sont en augmentation importante dans les consultations. Ils évoquent un phénomène de société qui mérite qu'on en cherche les motifs, si ce n'est les causes. Le mode de vie des parents n'explique pas à lui seul ce phénomène. C'est le fait de ne pas en protéger les enfants qui est le plus problématique. La mode actuelle de la transparence voudrait faire de la vérité la valeur suprême : il faudrait tout dire, tout montrer. Mais cela soustrait inconsciemment l'individu – l'enfant, en l'occurrence – à l'autorisation de préserver un espace privé, qui devient synonyme de secret honteux. On nage en pleine confusion des registres.

On peut voir le parallèle avec le comportement des hommes politiques vis-à-vis du citoyen (pour lequel ils sont un référent symbolique, comme le parent l'est pour l'enfant) : de plus en plus, ils exposent leur vie privée qui ne nous regarde pas, mais nous cachent ce qu'ils font de l'exercice de leurs responsabilités, ce qui nous concerne beaucoup plus ! Ce déplacement du regard vers l'intime vise à annuler la différence de façon imaginaire. Or, tout le monde ne peut pas être président de la République, tout comme les enfants ne sont pas des adultes et n'ont pas les mêmes prérogatives qu'eux. Tous les enfants, « rois » ou non, savent d'ailleurs parfaitement exprimer qu'ils trouvent très difficile d'être soumis aux mêmes pressions que les grands, alors qu'ils ont besoin d'un temps différent, de faire lentement l'expérience de la vie. Quand on les écoute, on entend bien qu'ils souffrent de cette urgence à tout faire vite, sans délai, comme si la vie allait s'arrêter demain. La recrudescence des troubles obsessionnels des enfants signe la souffrance liée à une temporalité inadéquate.

Tant que le contrôle arrive à être suffisamment efficace pour que l'illusion de maîtrise soit maintenue, l'individu peut conserver l'impression d'être à la hauteur. Lorsque, débordé par les exigences trop importantes du temps social, le temps subjectif ne peut plus s'accorder et que l'individu perd de son efficacité, la dépression risque d'anéantir le sentiment victorieux d'être plus fort que le temps. L'individu s'écroule et ce peut être brutal. L'annulation de ses désirs et projets pendant un temps plus long que ce qu'il aurait été raisonnable de supporter est d'autant plus mortifère que la personne est attachée à la réussite de la tâche qu'il a entreprise. L'énergie investie est d'un coup réduite à néant. Le moteur s'arrête. On appelle cela le « *burn out* », mais il existe d'autres formes moins visibles et tout aussi délétères (impuissance sexuelle, repli, incapacité de

LE PRÉSENT COMPULSIF : « DÉPÊCHE-TOI ! »

mener des projets, alcoolisme, troubles de l'humeur, fatigabilité excessive, somatisation...). L'autodisqualification met au jour le sentiment d'affaiblissement de la personnalité et constitue un signal d'alerte. De ce fait, le sujet se voit sans avenir, il ne peut plus se projeter dans un futur qui correspond à son désir. D'ailleurs, il n'a plus de désir. L'idée d'en finir, tellement il est indigne, est fréquente. Le dépressif se vit comme incapable, perd l'estime de lui parce qu'il ne parvient pas à répondre aux sollicitations qu'on lui adresse, généralement à cause de délais insoutenables. Il ne parvient plus à remettre en cause le système qui le soumet à ce rythme. Il perd sa capacité de rébellion et de décision. Le vide a gagné sur l'être qui se vit comme rabaissé, amputé d'une partie de lui-même.

L'enfant qui vit avec un parent déprimé ou dépressif grandit dans une atmosphère de tristesse, où le silence, bien souvent, règne en maître. Tout est ralenti. On tient compte en priorité du déprimé, modèle sur lequel se cale l'enfant. Dans le meilleur des cas, il s'y oppose et se fait remarquer d'une manière ou d'une autre, afin de réanimer le souffrant. Au moins, il ose dire qu'il est vivant et qu'il a besoin qu'on s'occupe de lui, ce qui peut donner une raison de vivre à celui qui va mal. S'il n'y parvient pas et s'épuise sans succès, il a toutes les chances de renoncer, au moins provisoirement, et de se couler dans le style familial. L'avenir lui fait défaut et il n'ose pas rêver d'un plus tard, d'un idéal à réaliser, de prendre la place de ses parents : elle est si peu enviable. Il se replie, cherche des satisfactions de substitution momentanées, comme celles que procurent les jeux vidéo, n'investit plus l'école ni les copains. À quoi bon ? Lui aussi déprime, dans une sorte de mimétisme d'accordage. Tout est équivalent à tout, le temps est gelé, et lui avec. Il attend, sans rien attendre de précis. L'enfant réagit à une perte : celle du parent d'avant, qui lui permettait l'insouciance. À présent, trop tôt, il a des soucis d'adulte. Le monde a changé, il ne peut plus s'y fier et ce, sans que le temps de son développement ait pu faire son travail. La prise de conscience trop précoce des difficultés à affronter le monde adulte a une valeur traumatique, tout comme la rupture du couple parental, la disparition d'un grand-parent très aimé, un déménagement imprévu… Les troubles du sommeil s'installent souvent : crainte de s'endormir, crainte du cauchemar qui vient hanter le repos et maintient le mal-être en permanence.

La honte gagne lentement. Nullité, inintérêt, accusations envers les autres qualifiés de malveillants, ce qui n'est bien souvent que la projection de ses propres sentiments. Il est urgent de consulter. En famille. Pour redonner la place à chacun. Faire un sort à la culpabilité diffuse qui prend toute la place. Retrouver du récit, de l'histoire, de l'antérieur qui se poursuit et de l'avenir non encore advenu. Le temps de chacun et le temps de tous, « celui qu'on veut nôtre », comme dit la chanson.

Prédire, contrôler, gérer : la maladie de la prévention

> « *La capacité anticipatrice raisonnée est une caractéristique de l'exception humaine. Elle consiste dans la place que l'on accorde à l'autre parmi les autres, dans un ensemble et dans un avenir, dans un espace et dans un temps psychiques communs et partagés.* »
>
> René Kaës, *Le Malêtre*

Les statistiques sont à la mode. Assénées comme des quasi-vérités, à partir d'un matériel qui se veut objectif, elles sont censées dire l'état actuel mais aussi et surtout l'avenir. « Statistiquement » : le terme revient souvent dans les discours de ceux qui se protègent d'afficher un point de vue personnel et s'en réfèrent aux chiffres. « Statistiquement, tel candidat sera élu. » Oui, mais les statistiques sont comme les Polaroïd, elles deviennent floues avec le temps, si tant est qu'elles étaient nettes au moment de la prise de vue ! Il reste toujours des éléments aléatoires qui modifient la perception de la perspective, même inconsciemment.

C'est bien de perspective dont il s'agit dans les prédictions : quel avenir peut-on envisager en fonction du présent ? L'imaginaire de celui qui prospecte et établit des statistiques est mobilisé, quelle que soit sa volonté de neutralité. La forme des questions posées et l'analyse des résultats peuvent être différents selon les opinions du statisticien et ce, à son insu. On peut faire dire aux chiffres ce que l'on veut, en toute bonne foi. Ces enquêtes, lancées bien souvent à l'instigation de personnes qui ont un intérêt dans l'expression des résultats, posent la question de leur validité (les résultats sont toujours postérieurs à l'enquête) ; mais elles posent aussi celle de l'influence que la communication des résultats exerce sur le public. En prenant connaissance de ces résultats, on se situe d'emblée *dans* ou *hors* d'une majorité. Dire, c'est déjà influencer. Les statistiques et autres pronostics imposent une standardisation, une norme.

Pour cette simple raison, parce qu'elles annoncent sous forme de vérité à venir un état des choses déjà dépassé, la principale « qualité » des statistiques est d'influencer les individus, qui ne peuvent plus passer outre. L'influence est majeure sur les personnes qui confondent prévisions et informations, ceux pour qui il est compliqué de penser de façon subjective. Avoir ses propres idées et les défendre, c'est s'être forgé des opinions propres en entendant plusieurs points de vue et en utilisant son esprit critique, développé au sein de sa famille et pendant sa scolarité. Il faut avoir pu transformer les événements en expériences qui ont forgé la capacité de penser de façon singulière. Dans une société qui, malgré les apparences, édicte des normes de plus en plus nombreuses, il est difficile d'échapper aux informations qui surdéterminent les comportements, dans un contexte d'urgence. Prendre le temps de penser le

LE PRÉSENT COMPULSIF : « DÉPÊCHE-TOI ! »

contenu d'une information est devenu un privilège que seuls ceux dont l'éducation a développé le sens critique et ceux qui ont plaisir à penser (mais ce sont peut-être les mêmes) peuvent se permettre. De nos jours, la croyance est à la prédiction. On veut croire à sa réalisation. Or, le postulat est déjà faux puisqu'il ne tient compte que de ce qui s'est déjà passé, comme si aucun événement nouveau, aucune expérience nouvelle n'allait changer le cours des choses. L'imaginaire est bloqué dans le passé, condamnant toute créativité.

Créer, c'est transformer les événements en expériences, c'est-à-dire ne pas les subir. On sous-estime trop la pression qu'exerce sur chacun de nous ce trop-plein de savoirs de masse qui se transmettent comme des preuves, alors que ce ne sont que des opinions. Même les experts ont un inconscient et une subjectivité, et seule la confrontation de points de vue donne accès à la réflexion nécessaire à la pensée. La curiosité en est le moteur. Dans une « société d'accumulation », comme le dit le philosophe Jean-Claude Michéa, la tâche est devenue difficile. La transformation ne peut pas se contenter d'être une réaction à un événement ou sa gestion. Il s'agit de repartir de son origine et de retracer l'histoire en redécouvrant ce qui a échappé à l'expérience. Si le roi et la reine de *La Belle au bois dormant* avaient invité la mauvaise fée, il n'y aurait certes pas eu de conte mais les faits se seraient déroulés autrement. Idem pour l'histoire d'Œdipe et le secret qui entoure sa naissance. C'est dans ce qui est voilé, évité, que se fabriquent les prédictions. Quand un parent promet un avenir à son enfant (qu'il soit bon ou mauvais), il règle des comptes avec son propre passé et l'attribue à l'enfant. Dans beaucoup de cas, ce désir narcissique reste aménageable et l'enfant peut s'identifier au parent et s'inscrire ainsi dans la filiation, avec une attente raisonnable qui pèse sur lui. Dans d'autres cas, l'exigence est telle que l'enfant ne peut pas sortir, sans risque de culpabilité majeure, voire de rupture, du chemin qui lui est tracé. L'enfant est dépossédé de sa possibilité d'être lui-même. Il ne fait qu'attendre que les événements se produisent pour répondre « au doigt et à l'œil » aux attentes parentales. L'autorité des parents s'est muée en une emprise à laquelle l'enfant se soumet, ou à laquelle il échappe en s'attaquant lui-même, par l'échec ou la dépression. Dans le meilleur des cas, il développe une lucidité qui lui fait perdre sa capacité d'insouciance mais lui permet de tenir bon en jouant le jeu (le seul auquel il joue vraiment), jusqu'à ce qu'il quitte le foyer parental.

Mme S. est une femme lucide, trop lucide ! Elle est encombrée par « des cogitations à propos de tout ». Elle ne peut pas s'y soustraire et ce, « depuis toujours », lui semble-t-il. Depuis aussi longtemps qu'elle s'en souvienne, depuis le divorce de ses parents quand elle avait sept ans. Elle a l'impression de n'avoir jamais été insouciante. Elle ne le pouvait pas, étant l'aînée de trois enfants vivant avec une mère plus qu'autoritaire, exigeante, jamais contente. Son père, à l'inverse, vivait loin et ne voyait pas souvent ses enfants, qu'il confiait dès que possible à sa propre mère.

Mme S. est à présent adulte et mère, mais elle reste fixée psychiquement dans une soumission au modèle maternel, qui l'empêche de profiter pleinement des satisfactions que lui apporte, de toute évidence, sa vie de

LE PRÉSENT COMPULSIF : « DÉPÊCHE-TOI ! »

famille. Elle n'a eu de cesse, toute son enfance et son adolescence, d'essayer de satisfaire sa mère jamais contente, sans y parvenir. Cette « madame Je-sais-tout » lui avait prévu un avenir peu glorieux auquel elle a échappé, non sans culpabilité. Ne pouvant se soustraire mentalement aux dires ni au modèle maternels sans se sentir déloyale à son égard, elle continuait, adulte, à y faire référence tout en le critiquant. Mme S. avait réussi à se séparer physiquement de sa mère lors d'une dispute, mais l'effet psychique continuait son œuvre sournoisement au quotidien.

On ne se défait pas de l'emprise de l'enfance par un éloignement tardif. Le mal est fait et il faut beaucoup de travail sur soi pour supprimer ce « réflexe » qui consiste à faire appel à cette dépendance. L'emprise est un contrôle abusif qui aliène l'enfant. Pourtant, ce contrôle devient paradoxalement un repère dont il est difficile de se passer sous peine d'effondrement. Du moins, c'est ce que croit celui qui le subit.

Quelles sont les raisons qui poussent à vouloir contrôler l'avenir ? Les mythes et légendes sont pleins de prédictions qui sont à l'origine du récit. Le héros doit les déjouer, une prédiction contradictoire va les stopper, comme dans *La Belle au bois dormant*. Lorsque la prédiction ne doit se réaliser qu'en fonction de l'obéissance du héros à une force surnaturelle, elle a valeur de sanction. Généralement, c'est la mort que le héros, par son courage et sa volonté, doit essayer de contrecarrer. Simple humain, il aura du mal sans l'aide d'une force divine. Ces récits mythiques fourmillent de situations qui exaltent symboliquement les vertus et servent à différencier le bien du mal. Ils invitent le lecteur à s'identifier aux héros, qui, selon les cas, échappent ou non à leur destin. Le plus souvent, la fin est tragique, le héros meurt. On peut voir là une métaphore du destin imposé par des puissances supérieures, auxquelles on n'échappe pas.

La prédiction moderne n'est plus réservée aux héros. Elle touche tout un chacun et l'oracle n'a rien de divin. Il est formulé par celui qui s'affirme comme sachant. Or, tout le monde croit savoir et veut imposer son point de vue, son désir. Que les prédictions soient étayées par des données scientifiques, peu importe. Le but inconscient est de maîtriser une situation ou un être, afin de se rassurer sur soi-même. C'est parce que le monde intérieur n'est pas suffisamment satisfaisant que la maîtrise du monde extérieur s'impose. Mais, pour cela, il faut tenir l'autre, le mettre sous influence. Dans le monde du travail, c'est chose courante. Le terrain familial est également un lieu privilégié pour exercer ce type de contrainte. L'enfant a toutes les raisons de croire au bien-fondé de ce que disent les parents et se culpabilise s'il le met en cause, alors que c'est ainsi qu'il se construit.

Les prédictions parentales sont souvent faites de bonnes intentions et de craintes mêlées. Afin d'éviter des déboires à l'enfant (et à soi-même), on brandit la menace : « Ça ne se passera pas comme ça ! » Ces parents sont en proie à une sorte de phobie de la surprise. Ce qui risque d'échapper, ce qui peut avoir lieu à la place de ce qui est prévu, doit être maîtrisé en amont. C'est comme cela qu'on « prévient », dans tous les sens du terme. En menaçant, mais aussi en contrecarrant l'événement avant qu'il ne se produise. Ainsi, on réclame un saut de classe, à titre préventif d'une hypothétique maladie qui

LE PRÉSENT COMPULSIF : « DÉPÊCHE-TOI ! »

retarderait la scolarité. Il y a des dyslexiques dans la famille ? On sollicite un dépistage précoce. Or, comme disait ma regrettée professeur Rosine Debray, bien souvent, « il est urgent de ne rien faire ». Et que dire du « carnet de comportement », proposé en 2005 par le ministre de l'Intérieur, qui réitère en 2011, alors qu'il est président de la République ? Ce carnet prétendait prédire si un enfant de trois ans avait un « risque » ou un « haut risque » de devenir délinquant ! Heureusement que des collectifs, comme Pas de 0 de conduite, se sont formés et engagent depuis 2006 une lutte pour « préserver le temps de la petite enfance et le mettre à l'abri des exigences de performance, de compétition et de sélection ». La dérive sécuritaire qui s'attaque aux enfants, jouant sur l'inquiétude des parents, renforce leur idée de se prémunir contre « les risques ». Les risques de quoi, au juste, si ce n'est de trop s'éloigner d'un idéal, auquel, comme un enfant, on ne veut pas renoncer ? La psychanalyste Janine Chasseguet-Smirgel parlait à raison de « maladie d'idéalité »...

Dans notre société à haute tendance narcissique, tout doit être là pour nous renvoyer la meilleure image de nous-mêmes, à adorer comme une idole. Gare à celui qui ne répond pas à cette ambition ! Il devient le bouc émissaire. L'enfant est le mieux placé pour jouer ce rôle. Immature, craintif et croyant, il se soumet à la volonté du plus fort et y laisse sa singularité et sa liberté de développement. Il n'habite pas son temps. Il subit la confusion que les adultes entretiennent. Ceux-ci le prennent pour un adulte en miniature, avec une temporalité calquée sur la leur. Ils ont oublié qu'ils ont été des enfants. C'est la maladie du temps de l'adulte qui habite et occupe alors le monde intérieur des enfants, les parasitant. Elle se traduit par une angoisse phobique, la peur de ne pas « assurer » au regard des autres, qui se transforme en phobie d'eux-mêmes : la honte occupe le présent figé.

La maladie de prédire n'est pas celle d'imaginer le futur en fonction de ce que l'on se sent être. C'est tout le contraire. Le rêve et le désir en sont bannis. Le temps ne va plus de l'avant. Le futur est hypothéqué. Il paraît qu'il ne faut pas perdre de temps...

Tout gérer, même la mort !

> « *Si le risque est cet événement du "ne pas mourir", il est au-delà du choix, un engagement physique du côté de l'inconnu, de la nuit, du non-savoir, un pari face à ce qui, précisément, ne peut se trancher. Il ouvre alors la possibilité que survienne l'inespéré.* »
>
> Anne Dufourmantelle, *Éloge du risque*

La vie est une prise de risques, dont le plus grand est de rencontrer la mort. Cependant, par bonheur, la plupart d'entre nous font abstraction de cette possibilité et poursuivent leur chemin en se projetant comme encore vivants dans un temps plus ou moins éloigné, qui verra la réalisation de leurs projets.

L'âge de la mort recule d'année en année ; les progrès de la médecine augmenteraient actuellement la vie d'un trimestre par an. Le temps est à la fois source de progrès et de dégradation. À partir d'un certain âge, nous nous mettons à dire que nous *vieillissons*, alors qu'auparavant nous disions que nous *grandissions*. Entre ces deux processus se situe une période floue, plus ou moins longue, subjective, pendant laquelle le temps est comme suspendu, n'a pas vraiment de prise. Il nous reste encore beaucoup de ce « capital temps ». Mais, juste avant qu'on ne le sente entamé (par des signes tels que les rides, la fatigue, la maladie, les enfants qui grandissent…), l'idée de ne plus bouger de cet âge s'empare de certains. Ne plus bouger, que rien ne change, ne plus risquer de vivre pour ne pas perdre ce que l'on a acquis. Tout est bon, alors : le déni, la chirurgie, le renoncement dépressif, parfois aussi l'hyperactivité. L'important, c'est de se consacrer à tout ce qui peut éloigner l'idée de la mort.

« Dans la civilisation actuelle des mœurs, sous de multiples formes, la mort se trouve exclue de la scène publique sauf à avoir été préalablement convertie en marchandise, c'est-à-dire en spectacle », nous dit Roland Gori. La mort fait les choux gras de la télévision et des jeux vidéo, même ceux pour enfants. Cette mort-là, c'est la mort violente, celle du spectacle exposée à tous et virtuelle. Tellement loin de la mort des proches, « de plus en plus soustraite au monde des vivants » (Roland Gori). C'est la mort en actes et non pas en histoires. Celle qui n'a aucun sens pour les vivants et crée la confusion chez le jeune enfant, qui dit « mon grand-père est tué » au lieu de « mon grand-père est mort ». Avec les progrès techniques, la maîtrise de la mort apparaît de plus en plus proche. Régulièrement, les médias nous apprennent qu'un chercheur a presque trouvé la solution pour ne plus mourir. Presque… Nous n'acceptons plus notre finitude. Le film de science-fiction *Le Congrès*[1] nous transpose dans cet univers figé où les êtres ne sont plus que des images d'eux-mêmes à un moment donné, interchangeables, ayant le don d'ubiquité, immortels mais

---

1. Ari Folman, 2013.

sans affect. Pris dans une spirale de plaisirs immédiats, la pensée ayant déserté le monde.

Dans son ouvrage *Le Culte de l'urgence*, Nicole Aubert reprend les principales « illusions » que le philosophe Marcel Conche mentionne dans *Temps et Destin*. Elles sont au nombre de cinq : les illusions morale, religieuse, sociale, ontologique (attachement aux biens matériels) et pratique (agir à court terme). Nicole Aubert affirme que la société contemporaine est fondée sur les deux dernières, qui sont liées : posséder et agir, et ce sont les deux façons actuelles de dominer le temps. Il me semble que l'illusion sociale (se faire un nom prestigieux) persiste cependant, alors que les illusions morale et religieuse sont nettement « en perte de vitesse », si j'ose le jeu de mots. L'exacerbation de ces illusions signifie combien le monde extérieur fait l'objet de notre intérêt, alors que le monde intérieur, qui se construit pendant l'enfance et nous donne nos « valeurs », semble s'être appauvri. On m'opposera que c'est à une représentation véhiculée essentiellement par les médias que je fais référence pour l'appliquer à l'individu. Toutefois, comme Freud, il me semble qu'« il est dangereux d'arracher les hommes, mais aussi les concepts, à la sphère dans laquelle ils ont été créés et développés ».

Le jeune enfant joue spontanément à la mort (« Pan ! T'es mort ! »), mais il n'y voit alors qu'une mise hors d'état de bouger. Il sait qu'il est vivant et peut se remettre en mouvement à sa guise. C'est vers neuf ans que la mort prend le sens d'une disparition définitive. L'enfant s'y habitue progressivement en voyant mourir les animaux et les personnes âgées. La mort est source de questionnements pour l'enfant, qui n'hésite pas à en parler, tout comme il parle spontanément de la sexualité. Ce sont les réponses angoissées des parents qui angoissent l'enfant. Le paradoxe de notre société est que l'on soumet les enfants à des représentations catastrophiques tout en étant incapable de penser la mort (catastrophe par excellence), ni d'en parler comme d'une expérience de la vie qui reste un mystère. Mystère à partir duquel on devrait pouvoir construire et transmettre son propre récit.

En cherchant des moyens de nier la mort, les hommes exacerbent sa présence. Toute perte (de travail, sentimentale, matérielle) a une dimension symboliquement mortifère, et l'on a coutume de dire qu'il faut en « faire le deuil ». Encore faut-il transformer cette perte catastrophique en expérience de vie et ne pas la rejeter en fuyant dans l'action. L'accumulation d'actions zappées, non abouties, signe la terreur de la mort. Il est vrai que l'on croit ainsi pouvoir revenir à ce qui n'est pas terminé. Nous vivons et transmettons de cette façon à nos enfants le paradoxe du monde postmoderne : se dépêcher, accélérer les actions, tenter d'atteindre plus vite le but, et en même temps éloigner la perspective de la mort. Dans l'urgence, on répond à un « toujours plus » de pression qu'il faut gérer et qui prend du temps à la vraie vie. Pression du temps raccourci et imposé, qui ne permet plus de « risquer sa vie ».

Remettre les pendules à l'heure

> « *Toute la question est de savoir si cette sacralisation du présent est sans conséquences, et si le présent réduit à lui-même est habitable.* »
> Jean-Claude Guillebaud, *Le Goût de l'avenir*

Nous en sommes là. Le présent perpétuel, agité, remplissant le vide d'un tonneau des Danaïdes, peut-il se suffire à lui-même et faire fi du passé et de sa projection dans l'avenir ? Le court terme peut-il être un modèle pour nos enfants ?

Le mot *croissance* est à la mode. Il ne concerne plus tant les enfants que l'économie marchande. « Sa répétition obsessionnelle fait songer à un tocsin dérisoire, dit encore Jean-Claude Guillebaud. La croissance peut-elle suffire à remplacer le projet, la promesse, l'espérance ? » L'Histoire a certes déçu, mais refuser de croire en l'avenir et privilégier un présent compulsif a toutes les chances de tuer dans l'œuf les tentatives d'insoumission à un modèle clos sur lui-même, dans lequel « nous sommes semblables à des grimpeurs sur une pente qui s'éboule : ils doivent aller de plus en plus vite pour pouvoir rester sur place » (Myriam Revault d'Allonnes).

ATTENDS... DÉPÊCHE-TOI !

C'est ce modèle que nous proposons à nos enfants. Ils nous voient empêtrés dans la contradiction, leur disant simultanément d'attendre et de se dépêcher, qu'ils sont trop petits mais assez grands, que papa est fatigué et maman débordée, ou l'inverse, ou les deux, que ce n'est pas la peine de poser des questions parce que « c'est comme ça »… Bref, c'est avec la bande, les copains, que l'enfant se sent le mieux. C'est déjà ça. Mais les copains, c'est encore du présent. Ils ne donnent pas les racines qui aideront à se sentir solide : des histoires de famille, des souvenirs d'enfance des parents, du générationnel et l'envie de transmettre et de créer à partir de l'héritage. Quand on est petit, il faut se former à remettre en question ce qui est établi. Pour cela, il faut que quelque chose soit établi. Pour habiter le monde, il faut des clés, sinon l'on passe sa vie à les chercher. Les clés sont transmises à celui à qui l'on confie le monde qu'on a soi-même reçu. Si on ne le restaure pas en le pensant et le voulant meilleur pour la prochaine génération, on ne remplit pas son devoir de mémoire ni de responsabilité.

Enfler le présent, c'est ne pas tenir compte du devenir de nos enfants. Ne pas leur donner le goût d'attendre, de rêver la réalisation de leurs désirs dans un « plus tard » qui sera leur tour et où ils auront eux-mêmes le goût de transmettre. Les enfants qui vont bien veulent être professeurs, au moins un temps, ou embrasser tout autre métier qui raconte aux autres des histoires dans lesquelles il manque toujours quelque chose à savoir. Où l'imaginaire insatisfait fera poser la question : et après ?

QUATRIÈME PARTIE

LE FUTUR INTÉRIEUR :
« ATTENDS ! »

Et après ? Penser la continuité

> « *Le futur devient ce que "j'attends" ; le passé, ce dont "je me souviens" ; et le présent, ce à quoi je suis "attentif ". Il ne sera plus question d'une existence objective du temps, mais ce sont les dispositions de mon esprit qui donnent consistance au "temps".* »
>
> François Jullien, *L'Écart et l'Entre*

On l'a vu précédemment, le principe de précaution abolit le futur. Ce dernier est vécu comme menaçant et c'est pour protéger le présent et le court terme que l'on agit « au cas où ». Si cela devient un principe de vie, une manière de construire un monde standardisé selon des critères idéaux (donc infantiles, je le répète), on peut se demander si là n'est pas paradoxalement la manière de faire en sorte que la crise n'en finisse pas. Pas d'issue, pas d'avenir. Comme des culbutos ou des métronomes qui oscillent toujours au même rythme, le mouvement reste le même et devient un non-mouvement, un mouvement qui s'annule. « Et après ? », questionne spontanément l'enfant à qui l'on raconte une histoire. L'histoire ne peut pas s'arrêter là ; tant qu'il perçoit les pages qui le séparent de la fin du livre, il ne veut pas lâcher. Chaque page tournée apporte de nouveaux événements et de nouvelles énigmes. Il est tendu vers la fin du récit, qu'il espère bonne, mais se réfugie en même temps dans les péripéties qui éloignent cette fin qui ne correspondra peut-être pas à son souhait et qu'il appréhende. Demain, il connaîtra la suite de l'histoire. Il se remémorera ce qui s'est passé avant, sera attentif à ce qu'il entendra et en attente de ce qui se passera après-demain. Il s'endormira calmement, car le sommeil ne sera pas synonyme de mort mais de rêves, d'une autre vie que la vie diurne, apportant de la discontinuité de temps dans une continuité de vie. Il y aura un après.

L'enfant apprend tout d'abord le temps dans les récits qu'on lui raconte puis ceux qu'il lit lui-même. On endort le nourrisson par de la musique douce ou des berceuses. Elles ont la même structure que le récit. Il n'y a pas de musique qui ne raconte quelque chose, même sans paroles. La musique n'est pas le métronome. Elle possède un phrasé, des motifs, donc des repères. Leur succession permet d'en attendre un autre. Quand la musique s'arrête, l'enfant pleure : il n'a pas eu son compte, son temps d'attention, de retrouvailles, d'attente. Il n'a pas retrouvé suffisamment sa vie dans ce moment. Et après ? Il s'endort paisiblement. On aurait pu lui raconter une histoire. Une histoire qui émeut le conteur. Ce peut être l'histoire de ce bébé qu'il est ou a été. Simple ou compliquée, peu importe. Si elle est compliquée, cela le familiarise avec la narration. Il ne comprend pas ? Il comprend la mélodie des affects, la joie, la tristesse, les émotions trop fortes qui suspendent le temps. Un jour, il comprendra les mots et les réutilisera à bon escient. « Mais d'où sort-il tout ça ? », se demanderont ses parents. De ses bons parents qui ont fait de lui un être de langage, un être pensant qui rendra ce

LE FUTUR INTÉRIEUR : « ATTENDS ! »

qu'il a reçu. La seule dette que l'enfant ait vis-à-vis de ses parents est de transmettre ce qu'il a reçu. Et après ? Après, la vie se déroulera avec des avancées dans le futur et des reculs dans le passé. Aucun enfant ne se développe selon la ligne d'un temps fait de points de présent successifs. Tout est question d'allers et retours, de promenades, de vagues semblables et différentes qui déposent plus ou moins d'écume.

Mila a toujours vécu dans une atmosphère musicale. Cette enveloppe sonore est l'équivalent d'un objet transitionnel commun à la famille : offerte à l'écoute des enfants par les parents, elle constitue un lien dans l'espace-temps, partagé, alors que chacun vaque à ses occupations. La musique permet d'être seul en présence des autres. Elle joue alors le rôle d'un contenant symbolique qui remplace l'échange de regards. Le « style familial » est signifié, entre autres, par ce partage autour de la musique.

Rien d'étonnant à ce que Mila et son frère soient scolarisés dans un établissement où la musique tient une place essentielle. Mais, au-delà de l'exercice, c'est le rôle apaisant de la musique, révélateur d'un monde interne à disposition de la transformation psychique créative, qui est en jeu. Mila s'ennuie parfois à l'école. Quand elle a fini son travail un peu rapidement, elle s'occupe et il lui arrive de composer de la musique. Comme celle-ci : « Un lundi à l'école. »

L'espace-temps est alors empli par le rythme musical imaginé et tracé en notes, codes communs à tous ceux qui lisent et écrivent la musique. De cette manière, Mila est à la fois symboliquement dans un « travail » similaire au travail scolaire et évadée dans une rêverie personnelle traduite par la composition musicale. Elle est dans la situation sans y être, dans un espace-temps créatif.

Dans tous les cas, l'enfant est « inactuel », au sens de Nietzsche : son temps ne se mesure pas au temps des adultes. Il est erroné de considérer que l'enfant doit s'y soumettre ou en est seulement capable. L'enfant est par essence déphasé, « à contretemps », dit Nietzsche. Le futur, pour lui, ce sont les adultes, les modèles auxquels il pourra s'identifier sans pour autant faire comme eux.

LE FUTUR INTÉRIEUR : « ATTENDS ! »

Pour ses parents, il est en partie leur passé, des retrouvailles, des coïncidences et des décalages, une nouvelle version de la partition, un nouveau récit. Une réinterprétation créative de leur propre histoire : « Si j'avais été mon enfant, voilà ce que j'aurais voulu. » Rêverie qui permet l'identification à l'enfant. Jeu de dupes, certes, mais tout le monde joue !

Entre le « trop » et le vide : les hésitations de la girouette

> « *À force de tout écouter, on n'entend plus rien. Le "trop" finit par noyer le contenu, et le verbe ainsi répandu n'est plus qu'une parole humiliée.* »
>
> Jean-Claude Guillebaud, *Le Goût de l'avenir*

« On nous cache tout, on nous dit rien », chantait Jacques Dutronc critiquant la qualité de l'information. Aujourd'hui, on peut s'informer en boucle et en temps réel, si on le souhaite. On parle de tout, de rien, avec la même passion, des affaires privées et publiques. Toutes rapportées au présent, quitte à être démenties par la suite. Et quand il n'y a rien de nouveau, on répète la même chose d'une autre façon, histoire qu'il n'y ait pas de creux, de vide. Il ne faut surtout pas que l'auditeur s'ennuie, qu'il éteigne le poste, qu'il aille voir ailleurs. Mais si, justement ! Ce serait bon qu'il aille voir ailleurs. S'il y a ailleurs, il y a confrontation donc expérience, donc pensée. Le « différent » forme l'esprit critique. Le « trop » vide le sens et l'esprit, secouant la pensée comme un prunier. Cela peut être confortable, distrayant, mais

LE FUTUR INTÉRIEUR : « ATTENDS ! »

on ne peut pas concevoir la culture d'une société sur ce modèle.

Le « trop » et le vide font bien sûr penser à la société marchande et à ses représentations en vases communicants ou, pourquoi pas, en sablier : l'abondance à un endroit, la misère ailleurs. L'homme occidental est comme un funambule risquant de tomber d'un côté ou de l'autre. Le risque, c'est l'erreur à ne pas commettre. Le statut de l'erreur a changé. Elle n'est plus source d'amélioration à venir. Aujourd'hui, l'homme hyper-moderne doit récolter le maximum d'informations pour gérer sa vie comme on suit un business-plan. Être vigilant, ne rien rater, tout savoir sur les nouveaux produits, s'imprégner de ce qui est mis sur le marché. Il tourne sur lui-même, à trois cent soixante degrés, comme une girouette poussée par le vent, sans jamais se décrocher de son socle.

Partir, changer de vie : certains osent renoncer à l'appât du gain matériel pour proposer à leurs enfants un avenir qu'ils pourront goûter. Ne pas céder au piège du « tout entendre, tout voir, tout savoir », fantasme de la transparence, n'est pas si simple. Pour certains, la transparence est synonyme de vérité. Elle signifierait qu'on tient compte d'eux, qu'on leur parle, qu'on leur communique des informations qui pourraient être secrètes. Puisqu'on nous dit tout, il n'y a plus rien à chercher. Submergés d'informations impossibles à traiter, données rapidement, il nous faudrait beaucoup de temps pour nous informer en profondeur. À ce propos, Michel Foucault disait que l'ouverture excessive vers le dehors empêche l'individu de se rassembler lui-même, le soumettant à une effervescence qui lui fait changer d'avis sans arrêt. Il demeure sans mémoire et laisse sa vie s'écouler.

Quel avenir l'homme qui attend que le vent tourne, dans une sorte d'hyperadaptation mortifère où il ne prend pas la parole, peut-il proposer à ses enfants ? « Indignez-vous ! », lançait Stéphane Hessel en 2011. Dans cette injonction de la part d'un jeune résistant devenu un vieux monsieur, on peut entendre le souhait de ne pas laisser perdre l'héritage d'énergie et d'espoir que nos aînés nous ont légué et qu'ils espèrent voir se prolonger. Comme Goethe dans *Faust*, Stéphane Hessel semblait dire : « Ce que tu as hérité de tes pères, acquiers-le afin de le posséder. » Il avait peut-être l'impression que l'imagination, qui permet de lutter contre un avenir tout tracé et paraissant inéluctable, s'était envolée avec le vent de la société marchande. L'avenir, une fatalité ? Pas pour lui qui faisait partie de ceux qui ont changé le cours de l'Histoire. Déjà, en 1935, Paul Valéry regrettait : « Nous ne savons plus féconder l'ennui. Notre nature a horreur du vide, ce vide sur lequel les esprits de jadis savaient peindre les images de leurs idéaux, leurs idées, au sens de Platon. » Pour lui, le futur n'avait plus de figure... en 1935 ! Et encore : « S'il n'y a point, le matin, quelque grand malheur dans le monde, nous sentons un certain vide : "Il n'y a rien aujourd'hui dans les journaux !", disons-nous. » Pour Valéry, le temps libre − à ne pas confondre avec les loisirs − a disparu : le temps qui permet de s'absenter des obligations et de la tension, un temps de repos pour retrouver de la sensibilité. Le milieu dans lequel nous vivons et élevons nos enfants a une influence sur eux, au même titre que les parents et l'école. S'ils vivent dans une

LE FUTUR INTÉRIEUR : « ATTENDS ! »

société qui ne leur permet pas de se représenter l'avenir, qui leur vante que « c'était mieux avant » tout en ne leur offrant pour culture que du divertissement, où vont-ils trouver l'envie même de s'indigner ? Si le monde se vide de culture et se remplit de marchandises, la girouette risque de ne même plus changer de direction.

Aider l'enfant à construire son monde intérieur, c'est ne pas le soumettre à la dictature des normes des adultes. Dictature de l'emploi du temps, mais aussi dictature du « tout voir, tout entendre, tout savoir » de la vie publique, niant l'enfant en tant qu'être en développement qui ne peut pas assimiler tout et n'importe quoi avant d'avoir pris ses repères. Certains, soumis quotidiennement à ces informations qui les affolent, refusent d'envisager l'avenir et s'indignent sans paroles de ce traitement : ils freinent et retardent au maximum la perspective d'entrer dans la vie adulte. Ils échouent, s'absentent de l'école. L'avenir ne leur inspire plus confiance. Ils n'aspirent qu'à ne pas grandir, à rêver leur vie, comme Peter Pan.

Régis a quatorze ans. Il est déscolarisé depuis plusieurs mois lorsque je le rencontre. Quand je le questionne, il me répond par des « Je ne sais pas », le regard triste, effondré sur sa chaise. Ses résultats scolaires sont très inférieurs à la moyenne, sauf en sport et arts plastiques. Il ne voit pas l'intérêt d'apprendre ou de rendre des devoirs. Il dit que le collège ne l'intéresse pas. À quoi bon ? Quand il voit la vie que mènent ses parents, il n'a qu'une envie, c'est de s'amuser. Mais même s'amuser est difficile : il n'a pas de copains qui veuillent le suivre dans ses jeux « bizarres », dont il ne veut pas dire plus.

ATTENDS... DÉPÊCHE-TOI !

Régis se dit lui-même déprimé. Chez lui, il n'a envie de rien, s'ennuie. Il ne se représente pas ce qu'il pourrait faire plus tard. « Aucune idée. » Il sait nommer le travail de sa mère mais pas celui de son père. Il se plaint d'ailleurs du manque de dialogue avec ses parents, « toujours fatigués ou énervés » et qui « ne sortent même pas le week-end » ! L'avenir de Régis semble complètement bouché à ses yeux. Même si l'adolescence est une période de doutes et d'opposition, chez Régis, c'est plutôt un « *no future* » qui domine et inquiète.

Inventer l'avenir : pousser la porte

> « *Le paradoxe de "l'immobilité fulgurante" réunit ainsi les deux diagnostics majeurs (et apparemment contradictoires) portés sur la modernité : d'un côté, le constat de l'accélération ; de l'autre, la métaphore de la cage.* »
>
> Myriam Revault d'Allonnes, *La Crise sans fin*

« Je bloque », me dit souvent une amie lorsqu'elle essaie d'imaginer ou de comprendre quelque chose qu'elle n'a pas sous les yeux. Elle bloque et procrastine : elle remet à plus tard, mais plus tard n'avance à rien. La représentation est défaillante et ne peut se remettre en route que par les mots, les paroles de l'autre, qui vont transformer l'espace mental en un lieu éclairé où les objets prennent forme. La clé vient de l'autre. Parfois chez les adultes, mais immanquablement chez les enfants. Qui n'a pas ressenti le déclic de la bobinette qui choit quand la chevillette est tirée ? Le monde qui s'offre alors à l'esprit se profile ; on le reconnaît. Cette ouverture réactive, comme par magie, un « déjà connu » et un désir retrouvé. L'univers clos et inaccessible, enfin ouvert, a un parfum de liberté et de trouvaille. Pourtant, tout était là ; le chemin parcouru s'était juste arrêté devant la porte.

Les portes sont des objets curieux : elles ferment un espace qu'elles ouvrent en même temps. Elles limitent deux espaces auxquels elles appartiennent. Fermées, elles se confondent presque avec le mur. Sans la clé, pas de passage, pas de découverte du secret qui se trouve derrière. L'ouverture d'une porte est toujours un moment mystérieux. L'avenir est derrière elle (et devant nous), il n'y a pas de certitude mais il peut y avoir retrouvailles. Il suffit de voir les enfants ouvrir la porte de leur chambre dans une maison de vacances, ou celle des grands-parents, où ils ont laissé quelques trésors l'année précédente. Trésors oubliés qui, tout à coup, reprennent vie et intérêt. Ils ne joueront plus le même rôle ; le temps est passé, l'enfant a grandi mais il donnera une autre fonction au jouet, désormais vu d'un œil neuf. Un temps long s'est écoulé depuis la dernière visite : temps de l'attente, de l'oubli et du changement par des expériences nouvelles. Puis vient le moment fulgurant de ces retrouvailles avec les objets « ni tout à fait les mêmes, ni tout à fait des autres », qui vont connaître un nouveau destin.

Que fait l'enfant qui retrouve de vieux jouets ? « Il invente l'avenir en interrogeant le passé », comme le dit si justement le psychanalyste Daniel Widlöcher. Le jeu de l'enfant n'est que métamorphose de la réalité. Ce faisant, il se projette dans le futur en dialoguant avec le passé. Il ne sait pas que ce à quoi il joue est un tissage minutieux entre ses expériences passées et ses désirs. « Quand il joue, il joue », pour paraphraser Montaigne. Où qu'il soit, il est en réalité toujours entre deux portes, celle de sa chambre et celle de la chambre de ses parents. Il est inconsciemment dans le couloir nécessaire entre ces deux lieux et, comme le dit le philosophe et psychanalyste Jean-Bertrand Pontalis :

LE FUTUR INTÉRIEUR : « ATTENDS ! »

« Chacun sait que les enfants adorent jouer dans le couloir. » Il est dans cet espace intermédiaire si cher à Winnicott, espace de créativité. Il faut écouter un enfant jouer. Il parle ? Il parle de son passé et de son avenir. Cet enfant-là est un enfant modèle. Il a de la chance, il peut s'avancer vers l'avenir. Son refuge, il le porte avec lui : c'est sa capacité de métamorphose. Il se transforme en prenant différents rôles, choisit sa place, la meilleure pour lui. Tous les espoirs sont permis. Un obstacle ? Il le franchira, il ouvrira une autre porte. Année après année, il aura de plus en plus de cartes en main. Il sera capable d'interpréter le monde à la lumière de son travail d'enfant : jouer et apprendre.

Hippolyte : château en construction (Mila, 7 ans)

ATTENDS... DÉPÊCHE-TOI !

Mila observe son petit frère Hippolyte en train de jouer. Elle entreprend de le dessiner. Son dessin montre et interprète à la fois : il montre, par les briques que son frère a dans les mains, qu'il s'apprête à construire un château ; mais la perspective donnée par le basculement de la tête et les yeux baissés semblent vouloir montrer l'instant de réflexion avant d'agencer les briques. C'est sa propre projection d'elle-même en train de jouer qu'elle transpose ici, traduisant le travail de la pensée mêlé à l'action.

Certains enfants ne jouent pas. Ils déplacent, jettent, tripotent leurs jouets. Ils ne construisent pas d'histoires, ils crient, émettent des sons, se lassent, s'agitent. Ils ne savent pas comment se mettre à jouer. Ils bloquent : un jouet est alors un jouet dans sa réalité matérielle, il ne peut pas être détourné pour devenir le support d'un imaginaire constructif. Il n'est qu'un objet de consommation comme un autre. Interchangeable. Pas le temps de s'y attacher, il a fini dans un coin ou en miettes, insatisfaisant. Le jouet n'a pas d'avenir, l'enfant est « mal dans sa peau ». Il est là lui aussi comme un objet qui aimerait bien avoir un rôle, mais il ne sait pas lequel. Comment en est-il arrivé ici ? Coincé dans la cage de l'irreprésentable, son univers se limite à la réalité matérielle. Un cube est un cube, un pantin, un pantin, une voiture, une voiture. Les liens qui relient ces trois objets et qui pourraient déclencher le récit sont effacés. L'enfant ne retrouve pas les traces. Les petits cailloux n'ont pas été semés et aucune petite lumière ne luit à l'horizon. Juste un tas de jouets devant lui, pour lesquels il n'a aucun projet. Pas de *Toy Story* !

LE FUTUR INTÉRIEUR : « ATTENDS ! »

Souvent, ces enfants ont des relations familiales apparemment satisfaisantes. Ce qui manque, c'est le lien. La qualité du lien. On peut être en bonne relation avec quelqu'un sans pour autant se sentir lié à lui. Le lien nécessite une reconnaissance particulière et affective. Il se construit dans l'interaction et l'intersubjectivité, dont une partie demeure inconsciente. Nul besoin de la présence de l'autre pour savoir qu'on est en lien, si le lien est assez solide. Paradoxalement, c'est le lien qui permet d'être séparé et de rendre l'autre présent par la pensée. Sans lien de bonne qualité, l'angoisse prend la place du plaisir à se représenter et à penser. L'insécurité s'installe. Créer des liens prend du temps. Même avec son propre enfant. Le lien est une histoire que l'on co-construit et dont on a l'illusion qu'elle n'est qu'une seule et même histoire. Plus le lien est fort, plus la douleur et l'incompréhension seront vives au moment des crises et des ruptures. La vie est d'autant plus riche qu'elle permet de faire des liens. Toutes sortes de liens. Des liens entre les représentations, les pensées, mais aussi entre les expériences de la vie (passées, présentes et futures). Si la génération précédente n'apporte pas la garantie du lien – le premier lien –, l'enfant continue à chercher la main secourable et ne s'intéresse aux proches que pour se réconforter. L'objet de réconfort est dehors et ne se construit pas au-dedans. L'avenir est trop incertain, mieux vaut le « perdre de vue ».

Le temps du désir : apprendre

> « *La tendance des hommes à la curiosité est un des attributs les moins discutables de la nature humaine.* »
>
> Jean-Claude Michéa,
> *L'Enseignement de l'ignorance
> et ses conditions modernes*

La vie n'est pas le paradis. Il nous manque toujours quelque chose, et c'est tant mieux. Merci à Ève d'avoir cueilli la pomme ! Sans elle, nous serions encore dans un éternel présent. Il fallait bien une origine à l'aventure humaine, alors en voilà une. Elle vaut ce qu'elle vaut. Elle permet à l'histoire de démarrer et de se poursuivre. Certains ont bien des velléités de reconstruire un monde paradisiaque, mais personne, heureusement, n'y est encore arrivé. L'humain habite la réalité et c'est elle qui inspire sa curiosité. Il y construit des récits qu'il raconte. Les descendants s'en nourrissent et les prolongent en les modifiant. Le récit, dit Roland Gori, est « le lieu par excellence de la transmission de l'expérience du vivant, et davantage il se rapproche du mystère, de ce qu'il manque au savoir, davantage il accroît son autorité ».

LE FUTUR INTÉRIEUR : « ATTENDS ! »

Si le langage mercantile prend la place du récit, quel futur pour l'avenir ? Où est passé le langage mystérieux, symbolique, qui ne sert pas à constater des faits, à comptabiliser des objets, qui n'est pas une redondance des actes ? Le langage est avant tout un représentant de ce qui manque. Il est le véhicule d'un savoir toujours incomplet qui, tout en transmettant des connaissances, invite celui à qui il s'adresse à l'acquérir et à le questionner. Le futur est là, dans la question, qui est toujours subversive pour celui à qui elle est posée. Elle vient dire ce qui manque, traduit l'énigme et donne envie de savoir. L'avenir passe par le langage et le langage, c'est la culture. Or, dans ce domaine, l'inégalité est de taille. Le temps consacré à la parole, et pas uniquement à l'information, varie d'une famille à l'autre et d'un milieu à l'autre. Encore que, concernant le milieu socioculturel, la tendance est plutôt à un abrasement des différences, si j'en crois mes faibles statistiques liées à mes consultations. Certains enfants de milieux aisés, dont les parents ont fait des études universitaires poussées, ne parviennent pas à s'exprimer correctement, c'est-à-dire en organisant une phrase ou un récit de façon qu'ils soient intelligibles pour l'auditeur et qu'ils « donnent à comprendre et à imaginer ».

Parler à l'autre sur un mode factuel est facile et ne demande que peu d'implication et de souci de l'autre. Le dialogue, lui, exige argumentation (donc référence à un savoir réfléchi), écoute et débat, donc prise de risque. Parler dans le simple but d'avoir le pouvoir, de donner des ordres, n'est pas transmettre. C'est tenter de faire obstruction au désir d'en savoir plus, de lier connaissance avec celui à qui on s'adresse. Pour Daniel Widlöcher,

« transmettre ne s'applique pas à ce qu'on a réalisé mais à ce qu'on est en train de parcourir ». Avec cette part d'insu, la transmission du savoir a toutes les chances de recréer de l'avenir. L'exemple qui me vient à l'esprit est celui de Léonard de Vinci. Un génie, on peut le dire. Mais ce qui fait de lui un être du passé et de l'avenir, c'est cette façon qu'il a eue de jouer avec son environnement, de penser le monde et de le rêver. Léonard de Vinci a imaginé techniquement beaucoup plus que ce qui était réalisable à l'époque de la Renaissance. Ses machines en témoignent. Quand on regarde ses maquettes, on se dit qu'il a passé sa vie à apprendre de la nature et à l'appliquer au progrès humain. « Apprendre suppose de développer une capacité à penser les contenus multiples et différents que l'acte d'acquisition vise. Cela suppose donc de raisonner, déduire, concevoir, imaginer, critiquer, etc. », nous dit la psychanalyste Martine Menès, qui a longtemps travaillé en CMPP (centres médico-psycho-pédagogiques).

Léonard de Vinci est un modèle exemplaire d'enfant qui apprend. Tout ce qu'il a laissé est un monde d'enfant qui crée de l'avenir. S'il continue à intriguer et à être exposé dans le monde entier, c'est bien qu'il est une figure d'avenir, un mystère intemporel et non un personnage d'une époque révolue. Léonard de Vinci, c'est le désir de savoir et le savoir-faire incarnés. Il *est* l'avenir. Demandez aux enfants ce qu'ils en pensent.

À quoi tu penses ?

> « *Pour rêver sa vie, l'homme a besoin d'un paysage natal, d'un berceau, d'un temps, d'une mémoire vivante. C'est tout un roman !* »
> Rémy Puyuelo, *Héros de l'enfance, figures de la survie.*

Léonard de Vinci était un visionnaire. Il a rêvé sa vie et l'a mise en œuvre dans une science-fiction, au sens propre du terme. Au-delà du peintre génial qu'il était, il y a l'inventeur. Un inventeur qui donne envie d'inventer. Léonard n'a pas eu d'enfants, parce qu'il était lui-même un enfant. Habité par la curiosité, par l'imagination qui répond aux « Pourquoi ? » et « Comment ? » restés sans réponse. Pour Léonard, chaque matin commençait le jour le plus important de sa vie (j'imagine !). Et tous les soirs, il s'endormait en se disant que le jour le plus important serait le lendemain (j'imagine encore !). Léonard était un bon parent pour lui-même et aussi un bon grand-père. On le représente toujours âgé, avec une longue barbe blanche façon Père Noël, vêtu d'une pelisse et d'un béret de velours. Il est difficile de se le représenter jeune. Dans l'imaginaire collectif, Léonard est âgé et en même temps indissociablement lié à la jeunesse éternelle sous les traits de *La Joconde*, son œuvre majeure. Jeune femme mystérieuse, unique comme lui, elle est son enfant symbolique dont il a eu tant de mal à se séparer, ce qu'il n'a pu faire qu'à l'aube de sa mort en la cédant au roi de France.

La figure du grand-père, c'est lui, éternellement. Le représentant d'un avenir permanent, du long terme. De la trace laissée aux autres. Un être exceptionnel dans sa capacité à penser, à observer et à vivre des expériences. La lenteur le caractérisait, paraît-il. La lenteur est une notion relative, mais déjà pour son époque, il était lent. Privilégiant le progrès de son savoir-faire, en fonction de ses dispositions mentales et intellectuelles du moment, Léonard ne gâchait pas son temps. Il n'est d'aucune époque et de toutes à la fois. Les organisateurs de l'exposition qui lui a été consacrée en 2013, à La Villette, ne s'y sont pas trompés : sur l'affiche de l'événement, en variant les couvre-chefs de son portrait à la façon d'Andy Warhol, ils ont certainement souhaité montrer son étonnante modernité, tout autant que son génie universel.

En bon ancêtre, il fait toujours rêver. On ne peut qu'être de sa famille imaginaire et s'inscrire dans sa filiation, si l'on se tourne vers l'avenir. Son écriture énigmatique a de quoi faire rêver tous les détectives en herbe, et tous les adultes sont appelés à se souvenir de leur enfance en observant ses inventions. L'héritage de Léonard, c'est le goût de l'impossible. Des parachutes inutiles sans avions, des avions à réinventer pour faire exister les parachutes… C'est le goût de la continuité sans fin, à laquelle savent convier les bons grands-parents. Pas ceux qui « gardent » (quel mot affreux !) leurs petits-enfants. Ceux qui les emmènent *dans* l'avant et *de* l'avant, pour qu'ils aient envie d'un après. C'est parce qu'ils « ont été » que

LE FUTUR INTÉRIEUR : « ATTENDS ! »

l'enfant « sera ». Les parents sont trop proches, trop occupés, trop présents pour apporter cette part de rêve que les anciens, qui peuvent se permettre d'emboîter le pas lent de l'enfant, ont le plaisir de donner. Les retrouvailles avec leurs propres sensations et souvenirs, grâce au petit qui questionne, les rajeunissent et leur permettent d'attendre une prochaine rencontre enrichissante qui va « allumer un feu », comme disait Montaigne.

Le récit que l'enfant va poursuivre commence dans « l'arrière-pays », celui dont les grands-parents se souviennent. Lieu magique que tous les enfants recherchent pour commencer leur histoire. On ne peut pas regarder l'horizon, si l'on n'a pas de lieu à partir duquel le regarder. C'est ce qui est si compliqué pour les enfants adoptés : s'inscrire dans de l'ancien, dans l'invisible du passé qui donne forme à l'invisible du futur. Pour construire un récit, et plus encore le commencer, il faut un lieu d'où parler. Un ancrage.

Lorsque les enfants dessinent, ils construisent spontanément le lieu où se déroulera la scène. Même si la consigne de la maîtresse ou du psychologue est de ne dessiner qu'un bonhomme, le lieu est là, l'action aussi. Très tôt, dès que l'enfant trace sur le sable ou le papier, il construit une histoire, pas simplement une forme. Cette histoire n'est qu'un épisode qui sera suivi par d'autres. C'est parce qu'il sait tracer qu'il y prend plaisir. Et c'est parce que son dessin ne répond pas exactement à ce qu'il souhaite voir apparaître qu'il continue à rêver de la suite et à parfaire son trait. Grand-père aussi est passé par là. Comme Léonard !

Adèle adore les musées. Sa grand-mère l'y emmène depuis qu'elle a deux ans. Elles ne s'y rendent jamais sans un carnet de croquis et un crayon. Adèle passe une partie de la visite assise devant les tableaux qui lui plaisent, à les recopier à sa façon. Pour son quatrième anniversaire, elle s'est rendue au Louvre pour la première fois, toujours accompagnée de sa grand-mère. Elle avait eu comme cadeau un livre intitulé *Pénélope au Louvre*, qui lui servait de guide. Bien sûr, elle voulait voir *La Joconde*.

Par chance, ce jour-là, les touristes n'étaient pas trop nombreux et Adèle a pu s'approcher du chef-d'œuvre. Elle a procédé de la même façon qu'avec ses propres dessins : elle a inventé un univers et une histoire dans lesquels elle a donné vie à Mona Lisa. Non pas à partir du portrait, mais à partir du paysage en arrière-plan du tableau. Elle éprouvait le besoin de situer l'histoire de « la dame du premier plan », de déposer cette histoire dans un lieu. C'est le village qui a donné vie à Mona Lisa !

Conjuguer le temps

« *Le mal, c'est le rythme des autres.* »

Henri Michaux, *Passages*

Ce n'est pas flagrant à première vue, mais quand une personne parle d'elle au passé, elle parle du futur. Par le simple fait qu'elle raconte ce qui a été et qui n'est plus, elle revisite dans le futur l'événement et son expérience. Il n'y a plus, ou presque, d'anciens combattants pour narrer leurs exploits, leurs peurs, leur retour. C'étaient des histoires de héros, des vrais… Mais nul besoin d'être un héros pour avoir quelque chose à dire d'un événement de sa vie, à condition que ce soit son vécu propre. Le talent des conteurs provient de leur qualité de brodeur, pas de l'héroïsme dont ils ont fait preuve.

Pour transmettre un récit, c'est-à-dire donner envie à l'interlocuteur d'écouter et de s'identifier au conteur, qui est lui-même tous les personnages, il est nécessaire de broder. D'incruster sur la blancheur de l'événement banal les petits détails qui lui donnent son originalité. Ces détails qui font voir à l'autre le décor, les personnages… Tout l'art du récit tient dans cette capacité (qui vient de l'enfance et des récits entendus), mais aussi et surtout dans la prise en compte du désir humain. Celui qui fait que l'on attend quelque chose de l'autre. L'auditeur, comme le lecteur, est le créateur de l'histoire qui lui est suffisamment bien racontée. Il invente en même temps qu'il lit ou écoute, et fabrique du futur en transformant les mots en images qui resteront ancrées et resurgiront plus tard. Autant d'auditeurs, autant de lecteurs que d'histoires entendues et refaçonnées. On est loin de l'information standardisée. Le récit est à la fois source de communauté et de singularité. Il admet la différence, le style personnel appliqué à une trame commune à tous. C'est le lieu d'apprentissage de la tolérance et de l'interrogation. Si l'essentiel se résume à une information, il n'y a pas de récit, pas plus qu'il n'y a d'autre important. Il n'y a qu'un autre interchangeable, anonyme, qui n'inspire pas de sentiments. L'information est vide de l'autre, elle ramène toujours à soi et au rationnel, façon d'éviter la perte et, bien sûr, la mort, perte ultime.

Conjuguer son temps avec le temps des autres, ceux qui ont vécu, les contemporains et ceux à venir, c'est avoir en tête que la vie s'arrête un jour. Que nous n'avons pas tous la même durée ni le même rythme. « La mort est la sanction de tout ce que relate le conteur. C'est de la mort qu'il tient son autorité », écrivait Walter Benjamin dans *Le Narrateur*. Dans nos sociétés qui cherchent à nier l'idée même de la mort, le récit a perdu ses lettres de noblesse. Il fait trop appel à ce futur qui ne sera pas éternel. La consommation d'informations tente de le remplacer. L'enfant, pour qui la mort n'est qu'un mot et n'a rien d'effrayant, se familiarise avec elle à travers les récits. Par leur contenu, tout d'abord, mais aussi et surtout par l'absence de leur auteur au pied du lit. L'histoire

LE FUTUR INTÉRIEUR : « ATTENDS ! »

revient tous les soirs, mais pas l'auteur. Celui-ci n'existe plus qu'à travers le conteur et les représentations propres que l'enfant se fait de l'histoire d'un autre. Il fabrique des traces, qui sont les premières pierres de son futur. Sans récit, le futur est vide et inquiétant. Les autres et leur façon d'être sont dérangeants, le rejet et la violence s'insinuent. Le langage met en commun un ordre symbolique qui permet d'exister avec les autres.

Le rythme des autres fait partie du lien qu'on a avec eux, de la prise en compte de leur spécificité qui permet de se sentir soi-même différent, mais pas en danger, appartenant à la communauté. Pour avoir un avenir, il faut avoir eu un auteur. Il est irresponsable, de mon point de vue, de laisser croire à l'enfant qu'il peut garder sa toute-puissance et décider ce que ses parents devraient décider pour lui. Ce sont eux qui en sont responsables. Il y a souvent, je le répète, une confusion entre capacités intellectuelles et autonomie de décision. Face aux nouvelles technologies, les enfants développent souvent un savoir-faire qui éblouit les adultes. Ce sont là, par exemple, d'indéniables capacités intellectuelles. Mais elles ne garantissent pas l'esprit critique nécessaire pour se forger un avenir, fruit du désir, qui incarnera la continuité.

Attendre de décider et s'inscrire dans la différence des générations où chacun a un rythme particulier, c'est avoir un futur. Le lien social comme le lien privé n'ont rien à voir avec ce que l'on nomme « le réseau ». Raconter ses petites histoires sur Facebook ne constitue pas un récit. L'autre n'est pas pris en compte, son rythme ne nous gêne pas. Peu importe où il est et ce qu'il fait, l'important est d'avoir quelque chose à exhiber. Pas

ATTENDS... DÉPÊCHE-TOI !

vraiment à dire. La dimension symbolique des mots qui disent le lien et qui s'adressent à l'absent cher s'estompe petit à petit. L'immédiateté de l'expression remplace l'attente rêveuse de la rencontre. L'enfant qui n'attend pas ne s'attend à rien. Il n'a pas d'avenir !

Qu'attend-on de moi ?

« *Trouver son terrain, le terrain pour l'exercice d'une vie, d'une autre vie en instance, d'une vie à accomplir*, hic et nunc, *une vie qui n'était pas là avant.* »

Henri Michaux, *Émergences-Résurgences*

Au moment du choix, c'est toute une histoire ! Choisir n'est pas une mince affaire : c'est une affaire de renoncement. Choisir une voie, c'est ignorer ce qu'aurait été le trajet sur une autre.

Le choix que l'on fait à un moment donné est toujours le meilleur, dans le sens où c'est celui du sujet qui se rassemble pour prendre une décision qui engage la suite. Choisir, c'est vivre, c'est-à-dire prendre des risques. Chaque choix permet de progresser, d'avancer un pas plus loin. Et si l'on se trompe, on procédera différemment la fois suivante. Mais faire une succession de choix ne suffit pas : il faut parvenir à donner une cohérence à l'ensemble. C'est comme ces coquillages que l'on ramasse sur la plage, été après été : ils peuvent ne rester qu'un amoncellement de coquillages. Mais si on les assemble, ils deviennent un collier ou une boîte à bijoux : on les aura alors transformés, on leur aura donné une forme, un sens, et ce,

ATTENDS... DÉPÊCHE-TOI !

d'abord par la pensée. Tout commence dans cet espace psychique où nous pouvons « mettre ce que nous trouvons » (Winnicott). Sans ce lieu, c'est-à-dire sans sécurité, l'individu se résout vite à ne plus chercher, à ne plus faire preuve de créativité, à ne plus penser. À quoi bon ? Il faut une bonne dose d'insouciance et de volonté pour se mettre en état de fabriquer des pensées, dont le langage est le premier contenant.

Apprendre de ses choix suppose de conserver de façon dynamique les pensées qui se forment par association d'idées. Cela a inconsciemment à voir avec l'image de soi. La représentation de soi ne concerne pas que l'image corporelle, mais la manière dont on se sent être, la manière dont le regard des êtres chers nous investit et nous enveloppe. C'est grâce à cela que le fonctionnement psychique se maintient. Nous sommes des êtres psychosomatiques : le psychisme et le corps évoluent conjointement. La génération précédente se doit d'apporter des garanties à la suivante, afin que l'avenir se profile et que l'effort des apprentissages ait un objectif. Pour cela, on doit pouvoir imaginer et souhaiter que nos descendants vivent mieux que nous. C'est le dynamisme des adultes, la curiosité, le non-savoir de ce qu'ils sont en train de vivre qui donnent du dynamisme aux nouvelles générations. L'avenir se trouve dans les interrogations et le lieu pour déposer les questions que l'on a trouvées, afin de les reprendre quand de nouvelles idées viendront les modifier. Ce faisant, les contenus modifient le contenant qui lui-même modifiera les contenus, et ainsi de suite. « C'est parce que le pouvoir explicatif des anciennes réponses s'est épuisé que quelque chose de nouveau peut advenir », affirme Myriam Revault d'Allonnes.

LE FUTUR INTÉRIEUR : « ATTENDS ! »

Le développement de l'enfant est une représentation type de ces transformations indiscutables qui doivent modifier les réponses de l'environnement. Le corps de l'individu change tout au long de la vie, mais jamais autant qu'entre la naissance et la fin de l'adolescence. De manière moins visible, la pensée fait de même. Dans de bonnes conditions, elle progresse, se modifie, s'étoffe avec l'investissement culturel et affectif. Il ne vient pas à l'idée de ne pas modifier son comportement vis-à-vis d'un enfant, alors que celui-ci manifeste de nouvelles aptitudes ou capacités d'autonomie. Si l'éducation ne tient pas compte de l'évolution de l'enfant, il ne développe plus son autonomie, c'est-à-dire son désir d'avancer dans son avenir. Le carcan dans lequel il se trouve inhibe sa mobilité de penser (de se penser) et d'agir. Il se sent dépossédé de lui-même et le manifeste en « se renfermant ». Les termes spatiaux sont souvent associés à ce mal-être qui signe qu'il ne se sent pas exister. Son image de lui se confond avec ce non-lieu. Il dit qu'il n'a pas de place ou qu'il ne sait pas quelle est sa place. Se sentant dans son environnement comme un anonyme, il peut avoir des relations convenables avec les autres (famille ou pairs), mais lui-même ne se sent pas de consistance ni de rôle à jouer.

Les adolescents, malgré les conflits qu'ils provoquent, disent tous la même chose : ils souhaitent que l'on mette de l'espoir en eux, que l'on attende d'eux qu'ils répondent à un souhait qui leur est accessible, et surtout que l'autorité soit exercée par les parents. C'est par cette autorité que se constitue un refuge nécessaire pour qu'en grandissant les enfants fassent l'expérience de la vie et testent leurs limites. La précarisation du travail est un facteur sociétal qu'on ne peut ignorer et qui n'est pas sans incidence sur « le moral des ménages », comme disent les médias. Le risque de perdre sa place est une préoccupation qui touche la majorité des salariés. On se plie aux exigences de flexibilité de l'entreprise, on a moins de temps disponible pour la vie familiale. La « place » du salarié est au travail. En tout cas, c'est ce qu'en retiennent les enfants. Le travail n'a d'ailleurs souvent pour eux aucune représentation, ni lieu ni finalité. De moins en moins d'enfants savent ce que font leurs parents : « Maman travaille dans un bureau avec un ordinateur. » Les métiers évoluent si vite, surtout dans les technologies modernes, qu'il est difficile pour eux de se représenter un avenir professionnel passé l'âge des envies de devenir pompier, aviateur, infirmière ou institutrice.

Il faut donc trouver un lieu où protéger ses rêves. Comme la boîte du mouton du Petit Prince, ce sont les adultes qui peuvent dessiner ces lieux qui correspondent à ce qu'attendent les enfants, et les leur offrir. Le contenu, c'est eux qui le déposeront. Chacun à sa manière. Mais le contenant, il appartient aux adultes de le construire. Il se fabrique avec la matière de leurs propres rêves inachevés. À l'intérieur, il y aura beaucoup de place pour les rêves de leurs enfants qui se conjugueront, sans le savoir, avec les leurs. Tout le monde y gagnera.

Conclusion

LES TEMPS RETROUVÉS

« *Si vous connaissiez le Temps aussi bien que je le connais moi-même, vous ne parleriez pas de le gaspiller comme une chose. Le Temps est une personne.* »

Lewis Carroll, *Alice au pays des merveilles*

Le temps des parents n'est pas celui des enfants. Deux temps, deux tempos. Lorsqu'ils se conjuguent, un troisième temps, inédit pour l'enfant comme pour ses parents, vient s'intercaler dans leur vie. Celui du jeu, de la création commune. Les mots prononcés dans ce lieu de partage prennent une autre valeur. Parce que l'adulte a été un enfant et que les mots ont maintes fois changé de sens, il sait que l'enfant a besoin de temps pour entendre et comprendre. Il lui donne du temps, de son temps. Pour découvrir, transformer. Il n'impose pas son temps.

Chacun pourra dire : « On a passé un bon moment. » Et le souvenir restera inscrit dans un coin de mémoire. Le temps perdu de l'enfance sera retrouvé par l'adulte, augmenté de cette nouvelle expérience. Oubliée la course contre la montre du quotidien, retrouvé le temps « à l'état pur », celui du pays des merveilles. Celui des questions posées, des réponses échangées, des pensées développées. On perd son temps, celui de la montre, mais on ne le gaspille pas.

On ne vainc pas le temps, il reprend vite le dessus. Mais on prendra la mesure du moment vécu en se le remémorant ensemble, plus tard, parfois bien plus tard :
— Tu te rappelles quand… ?
— C'était le jour où… ?
— Oui, et X était là.
— Je m'en souviens comme si c'était hier !
— C'est ce jour où j'ai appris que…
— Et moi, j'ai découvert que tu…

On a tricoté une maille de plus dans le ruban du lien et de la reconnaissance. Oubliés l'élève et ses notes, l'entreprise et ses contraintes : juste l'enfant et ses parents qui coécrivent leur histoire singulière et commune. Une histoire indélébile et transmissible. Un peu d'éternité. Il n'est jamais trop tard.

BIBLIOGRAPHIE

ARAGON (Louis), *Le Mentir-vrai*, Gallimard, coll. « Folio », 1998.
ARENDT (Hannah), *La Crise de l'éducation* in *La Crise de la culture*, Gallimard, coll. « Folio », 1991.
ARISTOTE, *Petits traités d'histoire naturelle*, Flammarion, 2000.
AUBERT (Nicole), *Le Culte de l'urgence, la société malade du temps*, Flammarion, coll. « Champs Essais », 2009.
BACON (Francis), *Œuvres complètes*, L'Harmattan, 2010.
BARRIE (James Matthew), *Peter Pan*, Librio, 2013.
BENGHOZI (Pierre) (sous la direction de), *Adolescence et sexualité, Liens et maillage-réseau*, L'Harmattan, 1999.
BENJAMIN (Walter), *Le Narrateur*, Gallimard, coll. « Folio essais », 1991.
BERGSON (Henri), *L'Évolution créatrice*, PUF, 1992.
BENTOLILA (Alain), *Le Verbe contre la barbarie : apprendre à nos enfants à vivre ensemble*, Odile Jacob, 2008.
BION (Wilfred), *Aux sources de l'expérience*, PUF, 2003.
BIRNBAUM (Jean) (sous la direction de), *Où est passé le temps ?*, Gallimard, coll. « Folio essais », 2012.
BOBIN (Christian), *Tout le monde est occupé*, Mercure de France, 1999.

BOLLAS (Christopher), *Les Forces de la destinée. La psychanalyse et l'idiome humain*, Calmann-Lévy, 1996.

BRAND Stewart, *L'Horloge du Long Maintenant. L'ordinateur le plus lent du monde*, Auch, Tristram, 2012.

CAMUS (Albert), *Le Mythe de Sisyphe*, Gallimard, coll. « Folio », 1985.

CARROLL (Lewis), *Les Aventures d'Alice au pays des merveilles*, Gallimard, coll. « Folio », 2009.

CASSIRER (Ernst), *La Philosophie des formes symboliques*, Éditions de Minuit, 1972.

CERVANTÈS (Miguel DE), *Don Quichotte*, Flammarion, 2008.

CHAR (René), *Feuillets d'Hypnos*, Gallimard, coll. « Folio plus », 2007.

CHASSEGUET-SMIRGEL (Jeanine), *La Maladie d'idéalité*, L'Harmattan, 2000.

COLLODI (Carlo), *Pinocchio*, Le Livre de Poche, 2007.

CONCHE (Marcel), *Temps et Destin*, PUF, 1992.

CYRULNIK (Boris), *Les Vilains Petits Canards*, Odile Jacob, 2001.

DEBRAY (Rosine), *Bébés/mères en révolte*, Paidos/Le Centurion, 1987.

DJÉNATI (Geneviève), *Psychanalyse des dessins animés*, L'Archipel, 2001.

DJÉNATI (Geneviève), *Le Prince charmant et le Héros. Hommes, femmes : le grand malentendu*, L'Archipel, 2004.

DUFOURMANTELLE (Anne), *Éloge du risque*, Payot, coll. « Manuels Payot », 2011.

EINSTEIN (Albert), *La théorie de la relativité restreinte et générale*, Dunod, 2012.

EMMANUELLI (Michèle), *L'Adolescence*, PUF, Coll. « Que sais-je ? », 2009.

BIBLIOGRAPHIE

FAULKNER (William), *Requiem pour une nonne*, Gallimard, coll. « Folio », 1951.

FERENCZI (Sandor), *Confusion de langue entre les adultes et l'enfant*, Payot, coll. « Petite Bibliothèque Payot », 2004.

FOUCAULT (Michel), *Les Hétérotopies. Le Corps utopique*, Fécamp, Lignes, 2009.

FREUD (Sigmund), *Pour introduire le narcissisme*, Payot, coll. « Petite Bibliothèque Payot », 2012.

FREUD (Sigmund), *La Vie sexuelle*, PUF, 1992.

FREUD (Sigmund), *Au-delà du principe de plaisir*, Payot, coll. « Petite Bibliothèque Payot », 2010.

FREUD (Sigmund), *Malaise dans la culture*, Flammarion, 2010.

FRIOT (Bernard), *Tous pressés*, Toulouse, Milan, 2011.

GARCÍA LORCA (Federico), *Impressions et Paysages*, Gallimard, coll. « NRF », 2009.

GARY (Romain), *La Promesse de l'aube*, Gallimard, coll. « Folio », 1973.

GAULEJAC (Vincent DE), *La Société malade de la gestion*, Le Seuil, 2006.

GOETHE (Johann Wolfgang VON), *Faust*, Gallimard, coll. « Folio », 1995.

GOLSE (Bernard), *Les Destins du développement chez l'enfant*, Toulouse, Érès, 2010.

GORI (Roland), *La Dignité de penser*, Les liens qui libèrent, 2011.

GREEN (André), *Le Temps éclaté*, Éditions de Minuit, 2000.

GUILLEBAUD (Jean-Claude), *Le Goût de l'avenir*, Le Seuil, 2003.

HESSEL (Stéphane), *Indignez-vous !*, Indigène éditions, 2011.

HOMÈRE, *L'Odyssée*, L'École des Loisirs, 1987.

Jullien (François), *L'écart et l'entre. Leçon inaugurale de la chaire sur l'altérité*, Galilée, 2012.

Kaës (René), *Le Malêtre*, Dunod, 2012.

Klein (Étienne), *Les Tactiques de Chronos*, Flammarion, coll. « Champs », 2004.

Kristeva (Julia), *Le Temps sensible. Proust et l'expérience littéraire*, Gallimard, coll. « NRF Essais », 1994.

La Fontaine (Jean de), *Fables*, Le Livre de Poche, 1971.

Lamartine (Alphonse de), *Méditations poétiques*, Le Livre de Poche, 2006.

Lemaire (Jean-Georges), *Les Mots du couple*, Payot, coll. « Petite Bibliothèque Payot », 2001.

Loti (Pierre), *Le Roman d'un enfant*, Gallimard, coll. « Folio classique », 1999.

Lyotard (Jean-François), *Lectures d'enfance*, Galilée, 1991.

Maïello (Suzanne), « À l'aube de la vie psychique : réflexions autour de l'objet sonore et de la dimension spatio-temporelle de la vie prénatale », in *Réminiscences : entre mémoire et oubli*, Toulouse, Érès, 2010.

Marcelli (Daniel), *La Surprise, chatouille de l'âme*, Albin Michel, 2005.

Melville (Herman), *Bartleby le scribe*, Gallimard, coll. « Folio », 1996.

Menès (Martine), *L'enfant et le savoir*, Le Seuil, 2012.

Michaux (Henri), *Plume*, Gallimard, coll. « Poésie », 1985.

Michéa (Jean-Claude), *L'Enseignement de l'ignorance et ses conditions modernes*, Climats, 2006.

Montaigne (Michel de), *Essais*, Hatier, 2012.

Nietzsche (Friedrich), *Considérations inactuelles*, Gallimard, coll. « Folio essais », 1991.

Perec (Georges), *Je me souviens*, Hachette, coll. « Littératures », 1998.

BIBLIOGRAPHIE

PERRAULT (Charles), *Contes*, Pocket, 2012.
PONTALIS (Jean-Bertrand), *Perdre de vue*, Gallimard, coll. « Folio essais », 1999.
PROUST (Marcel), *À la recherche du temps perdu*, Gallimard, coll. « Quarto », 1999.
PUYUELO (Rémy), *Héros de l'enfance, figures de la survie*, ESF, 1998.
RACAMIER (Paul-Claude), *L'Inceste et l'incestuel*, Les Éditions du Collège, 1995.
REINBERG (Alain), *L'Art et les secrets du temps. Une approche biologique*, Monaco, Éditions du Rocher, 2001.
REVAULT D'ALLONNES (Myriam), *La Crise sans fin. Essai sur l'expérience moderne du temps*, Le Seuil, 2012.
RICŒUR (Paul), *Temps et Récit*, Le Seuil, coll. « Points essais », 1991.
ROBBINS (Tom), *Mickey le Rouge*, 10/18, 2005.
ROBERT (Marthe), *Roman des origines, origines du roman*, Gallimard, coll. « Tel », 1977.
SAINT AUGUSTIN, *La Mémoire et le temps* (*Confessions*, Livres X et XI), Mille et Une Nuits, 2004.
SAINT-EXUPÉRY (Antoine DE), *Le Petit Prince*, Gallimard, coll. « Folio », 1999.
SAINT-MARS (Dominique DE), BLOCH (Serge), *Max et Lili en ont marre de se dépêcher*, Calligram, coll. « Ainsi va la vie », 2013.
SARTRE (Jean-Paul), *Les Mots*, Gallimard, coll. « Folio », 2011.
SCHNEIDER (Michel), *La Comédie de la culture*, Le Seuil, 1998.
SERRES (Michel), *Petite Poucette*, Le Pommier, coll. « Manifestes », 2012.
SZAC (Muriel), *Le Feuilleton d'Hermès. La mythologie grecque en 100 épisodes*, Bayard, 2006.

Szwec (Gérard), *Les Galériens volontaires. Essai sur les procédés autocalmants*, PUF, 1998.
Tocqueville (Alexis de), *De la démocratie en Amérique*, Gallimard, coll. « Folio », 1986.
Trétiack Philippe, *Traité de l'agitation ordinaire*, Grasset, 1998.
Valéry (Paul), *Cahiers*, Gallimard, coll. « NRF », 1997.
Valéry (Paul), *Le Bilan de l'intelligence*, Allia, 2011.
Verne (Jules), *Le Tour du monde en quatre-vingts jours*, Le Livre de Poche, 2008.
Weismann-Arcache (Catherine), *Les Surdoués. Du bébé à l'adolescent, les destins de l'intelligence*, Belin, 2009.
Winnicott (Donald), *Jeu et réalité*, Gallimard, coll. « Folio essais », 2002.
Wittgenstein (Ludwig), *Le Cahier bleu et le Cahier brun*, Gallimard, coll. « NRF », 1996.

Articles :

Harlow (Harry), « The Nature of Love ? » (« La nature de l'amour »), *American Psychologist*, n° 13, 1958.
Kaës (René), entretien avec Bass (Henri-Pierre), « L'effritement des garants et des métacadres de la vie psychique : le « malêtre ? dans la culture de notre temps », *Journal des Psychologues*, n° 309, juillet-août 2013.
Lemaire (Évelyne), « À propos d'une technique nouvelle, le génogramme », *Dialogue*, n° 70, 1980.
Lemaire (Évelyne), « Utilité du génogramme pour la mise au jour des phénomènes transgénérationnels », *Dialogue*, n° 89, 1985.
Widlöcher (Daniel), « Psychanalyse de l'instant », *L'Inactuel*, n° 2, *Emplois du temps*, Calmann-Lévy, 1994.

BIBLIOGRAPHIE

Chansons :

Charles Aznavour, « Le Temps », 1966.
Jacques Dutronc, « On nous cache tout, on nous dit rien », 1967.
Léo Ferré, « Avec le temps », 1969.

Films :

Funny Games, Michael Haneke, 1997.
Kirikou et la sorcière, Michel Ocelot, 1998.
Toy Story, John Lasseter, 1995.

Remerciements

Pour leur soutien, toujours, et leur réconfort, parfois, je souhaite remercier mes ami(e)s, mes collègues et mes proches qui ont supporté mon absence, mes tensions et mes idées fixes, ne m'en ont pas fait reproche et m'en ont soulagée.

Plus particulièrement, Pierre et sa relecture patiente et bienveillante ; Aurélie, pour son soutien moral et son intérêt indéfectible ; Julie, pour son réconfort, sa ténacité et les projets qu'elle me permet de partager ; Anne, qui a patiemment et toujours avec talent apporté les modifications indispensables ; Thierry, pour sa sensibilité et sa compréhension, dont j'aimais tant le projet de couverture ; Catherine et Mireille, pour leur appui fraternel ; Jean, pour sa présence, son écoute et sa créativité toujours aussi inaltérables, depuis le temps…

Pour l'enrichissement dans mon travail mais aussi personnellement, mes patients, petits et grands, et plus particulièrement ceux qui ont accepté de me confier leurs œuvres – ils se reconnaîtront.

Une mention spéciale à celui ou celle qui s'est approprié le sac contenant mes notes manuscrites, dans le Paris-Grenoble du 27 décembre 2008. J'ai pu, de ce fait, me mettre

REMERCIEMENTS

à l'ordinateur, faire le deuil d'un projet pour en construire un autre, vérifier mon désir de poursuivre cette aventure.

« Monte-en-l'air, mon ami, que mon bien te profite », tu ne m'as pas volé « l'héritage que m'ont laissé mes parents ».

DANS LA MÊME COLLECTION

Pascal Neveu
MENTIR... POUR MIEUX VIVRE ENSEMBLE ?

« Pourquoi mentons-nous ? Pourquoi ai-je menti hier et me le suis-je immédiatement reproché ou m'en suis-je félicité ? C'était si délicieux... Choisissons-nous à qui nous pouvons mentir ? Nous fixons-nous des limites ou finissons-nous par être dépassés par nos mensonges ?

« Le mensonge questionne l'être et son intériorité, mais aussi la relation à l'autre. Le mensonge s'invite dans la relation à l'étranger. Au point de craindre en arriver à jouer à l'étranger avec nous-mêmes. Cette limite franchie serait-elle un point de non-retour ? »

P. N.

Dans son nouveau livre, Pascal Neveu aborde les conséquences du mensonge dans notre vie affective, sociale et professionnelle. Et distille l'art d'en faire bon usage... pour mieux vivre ensemble.

Psychanalyste et psychothérapeute, directeur de l'Institut de psychanalyse active, **Pascal Neveu** *intervient dans le cadre de formations professionnelles auprès des personnels hospitaliers et militaires et de cadres en entreprise. Il exerce en cabinet et enseigne à Paris. On lui doit* Changer ? Moi, jamais ! Psychologie du changement *(Archipel, 2008).*

978-2-8098-0613-7 / H 50-8786-1 / 216 pages / 18,50 €

Jean-Claude Liaudet
TEL HOMME, QUELLE MÈRE ?

La mère est la première femme que son fils a connue, a aimée. Elle sera toujours dans son cœur. Que lui a-t-elle appris, transmis, pour le meilleur et quelquefois pour le pire ?

Examinant les différentes étapes de leur relation, de la naissance à l'âge adulte, Jean-Claude Liaudet cherche à en mesurer les effets sur la vie amoureuse du fils. Il décrit le rôle que joue la mère dans les difficultés du couple, telles la crainte de l'engagement, l'inhibition du désir ou son excès... Il aide ainsi la compagne à se repérer dans cet imbroglio.

Un livre pour mieux s'y retrouver dans les méandres des liens affectifs homme-femme et qui est aussi, tout simplement, une réflexion sur l'amour et la passion.

Jean-Claude Liaudet, psychosociologue, psychanalyste, est l'auteur de nombreux ouvrages, parmi lesquels Dolto expliquée aux parents *(L'Archipel, 1998),* La Psychanalyse sans complexes *(L'Archipel, 2000),* Telle fille, quel père ? *(L'Archipel, 2002),* Croire en soi *(L'Archipel, 2004),* Freud pour les parents *(L'Archipel, 2006),* Du bonheur d'être fragile *(Albin Michel, 2007),* La Névrose française *(Odile Jacob, 2012).*

978-2-8098-0884-1 / H 51-0279-3 / 256 pages / 18,95 €

Tristan Moir
L'INTERPRÉTATION PSYCHANALYTIQUE DES RÊVES

« Étrange et pénétrant », chaque nuit, le rêve nous ravit et nous transporte. Puissant, il nous émeut, nous illumine tout autant qu'il nous terrifie. Vient alors l'envie de comprendre et d'interpréter ce qui nous a tant imprégné.

Par le rêve se manifeste un Maître plein de sagesse et d'humour parlant un langage dont nous avons perdu l'usage. Maître de la métaphore, de la parabole, de l'allusion, des jeux de mots et de la symbolique, il use d'un vocabulaire sibyllin, codé et souvent énigmatique, mais très signifiant.

Tristan Moir propose une méthode d'interprétation psychanalytique des rêves, fondée sur une grammaire complète du langage onirique, de sa structure et de sa mécanique. Elle permet d'entrer dans le rêve pour en extraire une interprétation juste et thérapeutique.

Illustré de très nombreux exemples, ce livre permet d'entendre les messages de notre inconscient, en déchiffrant la symbolique du rêve.

Né en 1954, **Tristan Moir**, *psychanalyste d'obédience jungienne, s'est spécialisé dans l'onirologie, aboutissement d'une étude approfondie de la symbolique universelle, de la mythologie, des contes et légendes et des traditions spirituelles. Auteur d'*Images & Symboles du rêve *(éd. F. Lanore, 2007) et d'*Entrez dans vos rêves *(Trajectoire, 2008), il a créé en 2007 une école de formation au langage du rêve pour thérapeutes :* E.V.E.R.

*Cet ouvrage a été composé
par Facompo
à Lisieux (Calvados)*

Impression réalisée par

PRÉSENCE GRAPHIQUE

*en mars 2016
pour le compte des Éditions de l'Archipel,
département éditorial
de la S.A.S. Écriture-Communication*

Imprimé en France
N° d'impression : 031654091
Dépôt légal : septembre 2014